Afilar el lapicero

Daniel Cassany

Afilar el lapicero

Guía de redacción para profesionales

Traducción de Óscar Morales y Daniel Cassany

EDITORIAL ANAGRAMA
BARCELONA

Título de la edición original:
Esmolar l'eina
Empúries
Barcelona, 2007

Ilustración: © Archivo Iconográfico, S. A. / CORBIS / COVER

Primera edición en «Argumentos»: septiembre 2007
Primera edición en «Compactos»: mayo 2013
Segunda edición en «Compactos»: marzo 2021

Diseño de la colección: Julio Vivas y Estudio A

© De la traducción, Óscar Morales y Daniel Cassany, 2007

© Daniel Cassany, 2007

© EDITORIAL ANAGRAMA, S. A., 2007
 Pedró de la Creu, 58
 08034 Barcelona

ISBN: 978-84-339-7723-6
Depósito Legal: B. 7783-2013

Printed in Spain

Liberdúplex, S. L. U., ctra. BV 2249, km 7,4 - Polígono Torrentfondo
08791 Sant Llorenç d'Hortons

ÍNDICE

Presentación 11
Formación. ¿Cómo son los escritos de la profesión? *Afilar el lapicero*. Génesis. Agradecimientos.

1. SOBRE EL LECTOR 19
Presentación. Investigación. Criterios generales. Lectores especializados. Categorizar lectores. Ejemplos.

2. TÉCNICAS DE ANÁLISIS DEL LECTOR 29
Escribir a una audiencia. Segmentar. Escribir en una organización. Del autor hacia fuera. Escribir a un conocido. Ejemplo.

3. LAS VOCES DEL AUTOR 41
Presentación. ¿*Yo, nosotros* o *se dice?* Indicios de subjetividad. Atenuantes e intensificadores. Ejemplo.

4. LA ORGANIZACIÓN DE LOS DATOS 51
Presentación. Introducción. Cuerpo. Cierre. Pirámides. El informe técnico. El artículo de investigación. Anexos. Notas. Párrafos. Ejemplo. Síntesis.

5. TÍTULOS Y PORTADAS 67
   Presentación. Títulos. Funciones. Criterios de elaboración. Ejemplos. Portada.

6. ÍNDICES 79
   Presentación. Funciones. Utilización. Criterios de elaboración. Ejemplo.

7. RESÚMENES 87
   Presentación. Funciones. Escolar y profesional. Informativos y descriptivos. Criterios de elaboración. ¿Cómo se hacen? Ejemplo.

8. PROSA 97
   Presentación. Extensión. Causas de la dificultad. Soluciones. Grupos nominales. Estilos nominal y verbal, Complementación. Afirmaciones y negaciones.

9. MÁS PROSA 113
   Presentación. Activas y pasivas. Gerundios. Verbos débiles. Orden y posición. Incisos. Juntar palabras.

10. DISEÑOS 127
    Presentación. Usos y valores. Recursos visuales. ¿Cómo se hacen? Diagrama. Consejos. Letra y dibujo.

11. TABLAS 137
    Presentación. Tipos. Líneas. Criterios para hacer tablas. Ejemplo.

12. INSTRUCCIONES 147
    Presentación. Tipos. Criterios generales. En la piel del lector. Recomendaciones. Ejemplo.

13. CORRESPONDENCIA 159
    Presentación. Decir no con elegancia. Estrategia. Estilo.

Epílogo 167

Bibliografía 169

PRESENTACIÓN

> Es imposible disociar el lenguaje de la ciencia o la ciencia del lenguaje, porque todas las ciencias necesitan tres cosas: la secuencia de hechos en que se basan, los conceptos abstractos para denominarlos y las palabras para expresar éstos. [...] Hechos, conceptos y palabras muestran y reflejan una misma realidad.
>
> ANTOINE LAVOISIER, 1789

> Las reglas de elaboración de los documentos especializados no se aprenden espontáneamente del modo como se aprende y se interioriza el lenguaje general. La confección de determinados documentos supone un aprendizaje específico de las reglas que rigen sobre todo la forma textual, fraseológica, sintáctica y léxica.
>
> TERESA CABRÉ, 1992: 151

FORMACIÓN

La educación formal en lengua acaba en el instituto para la mayoría. Sólo quien cursa algunos estudios universitarios de letras puede profundizar en las técnicas de elaboración de los documentos de su ámbito. Es el caso de los maestros, los filólogos, los periodistas, los traductores o los comunicadores audiovisuales. Para el resto, el *castellano,* el *español* o la *lengua materna* escolar cierran la educación lingüística. (Dejo al margen los idiomas extranjeros, que se aprenden a lo largo de la vida pero que suelen tratar poco los discursos profesionales.)

También es una idea extendida que los empleados de la empresa y los profesionales liberales no necesitan más formación en lengua; que los médicos, los químicos o los abogados –por citar sólo tres ejemplos– no tienen que escribir. Los empleos que desempeñan no lo exigen. Una médica cura enfermos, un químico analiza productos y una abogada interpreta leyes. Les basta lo que aprendieron en el instituto –supuestamente.

Es falso. En la práctica, la mayoría de profesiones calificadas requiere algún tipo de transacción oral o escrita, más o menos específica o sofisticada. Hay que verbalizar mucha actividad laboral para comunicarla, para valorarla o para archivarla: se escribe un informe del enfermo curado, se presenta por escrito el resultado del análisis químico o se fundamenta en un dictamen la interpretación de una ley. En efecto, los médicos redactan informes y protocolos médicos; los químicos, memorias y proyectos; y los abogados, denuncias, recursos y argumentaciones. Y también tienen que escribir los geógrafos, los bibliotecarios, los graduados sociales, los directivos, los comerciales o los contables..., por dar más ejemplos.

Aún más: si estos profesionales pretenden estar al día en su campo, deberán participar en los foros de investigación y deberán leer y escribir artículos, ponencias y comunicaciones para congresos y revistas. La formación permanente también utiliza la escritura como herramienta de aprendizaje.

¿CÓMO SON LOS ESCRITOS DE LA PROFESIÓN?

Son heterogéneos: tienen varios grados de especificidad, con terminología y fraseología propias. Cumplen varias funciones, según el contexto: dan fe de hechos, proponen medidas, descubren datos, argumentan a favor o en contra. Se estructuran con apartados y componentes particulares, en cada caso. También tienen distintos niveles de formalidad. Pero todos comparten un alto grado de sofisticación. Son complejos y elaborados. Hay que dominar todas sus particularidades para poder entenderlos y producirlos.

Los profesionales se enfrentan a ellos con precipitación, porque el mundo laboral no acepta dilaciones y porque tienen poca o nula formación. Los rudimentos que da el instituto no satisfacen cuestiones tan específicas como las anteriores. Así, no es extraño que a menudo la calidad de estos escritos sea lamentable: ¿quién entiende la letra pequeña del contrato de una hipoteca?, ¿y el de un seguro?, ¿quién no se ha extraviado al leer las instrucciones de uso de un ordenador?, ¿quién comprende las leyes y las sentencias judiciales?, ¿son sencillas las ordenanzas laborales que regulan nuestra profesión?

Muchos de estos escritos son especializados y tienen estas características:

- Son concisos y poco redundantes. Buscan la objetividad y la precisión. Evitan las ambigüedades.
- Son despersonalizados: evitan las referencias al autor y al lector, esconden la emotividad.
- Tienen un porcentaje elevado de léxico técnico, procedente de varias disciplinas. Los grupos nominales están mucho más desarrollados que los verbales.
- Incluyen recursos visuales como tablas numéricas, fotografías o gráficos.

Por supuesto, cada disciplina tiene características especiales. La botánica dispone de un repertorio de géneros discursivos diferente de la ingeniería o de la justicia. Cada disciplina ha desarrollado sus propios discursos a lo largo de la historia y los ha adaptado a sus necesidades: los biólogos utilizan protocolos de laboratorio, proyectos e informes de investigación, artículos científicos, etc.; los contables trabajan con balances, auditorías y memorias.

Cada género discursivo es particular dentro de su campo: cumple una función específica, tiene una estructura adaptada a las necesidades, con unos apartados y un contenido determinados. Usa un registro prefijado, con fraseología y terminología específicas. Cada género es incluso diferente de los otros del mismo campo, aunque todos compartan algunos rasgos comunes. Algunas disciplinas disponen de *formularios* y *manuales* que documentan y ejemplifican el repertorio de géneros más importantes. En definitiva, cada discurso tiene una identidad propia.

«AFILAR EL LAPICERO»

Como dice el subtítulo, esto es una *Guía de redacción* para los que se ganan la vida escribiendo. El discurso es una herramienta para comunicar conocimientos, para desarrollar la actividad laboral, para fortalecer nuestra identidad profesional, para cumplir nuestros deberes y para ejercer el poder. Economistas, juristas, ingenieros, biólogos, médicos, físicos, investigadores, maestros, sociólogos, abogados..., ¡todos trabajamos con el discurso! Incluso los estudiantes universitarios y los bachilleres también escriben para «labrarse» un futuro. Para todos, el discurso es una herramienta profesional y esta guía enseña a afilarla.

Afilar el lapicero se dirige a los que escriben: a los autores, pero también a los correctores, a los editores, a los supervisores, a los jefes que dan el visto bueno, a los lectores que quieran tener criterio. En cualquier caso conviene conocer bien las herramientas utilizadas. ¡Qué flexible, versátil, poderoso y resolutivo es el discurso!, cuando se utiliza con perspicacia. Pero ¡qué torpe y simple puede llegar a ser si se usa mal! ¡Cómo confunde, atolondra e irrita, en estos casos!

Esta guía trata de los discursos complejos, sofisticados y comprometidos que hacemos en el trabajo..., que *son nuestra profesión*. Estos escritos cuestan mucho dinero, si contamos el sueldo que cobran los autores –¡por modesto que sea! También ocupan muchas horas, si contamos el tiempo que le dedican los lectores. Tienen mucha trascendencia: cierran y abren empresas, promueven empleados o los despiden, curan personas, producen ganancias o pérdidas, dan o quitan prestigio, fijan nuestros derechos y deberes, etc.

Afilar el lapicero quiere suplir la instrucción que nos negó la educación superior –como decía más arriba. Presenta los conocimientos específicos que menciona la cita que encabeza este capítulo. Haciendo un símil con otro libro mío, quiere ser una *cocina de la escritura* profesional (Cassany, 1993), una guía que explique con sencillez –con delantal– cómo se preparan los discursos en el trabajo.

Es imposible tratar todos los discursos. No acabaríamos nunca. Ni hace falta: los discursos cambian como los tiempos. Hoy hacemos blogs, chateamos y prescindimos del fax –que se inventó hace bien poco. *Afilar el lapicero* se centra en los discursos más especializados, poniendo énfasis en las cuestiones transversales: el análisis del lector, la estructuración del contenido, la confección de títulos, índices y resúmenes, el diseño de ilustraciones, etc. También estudia dos tipos de texto importantes para una organización: las instrucciones y las cartas.

Génesis

Esta guía tiene historia personal. Durante una época me gané la vida enseñando a escribir a auditores, secretarias, economistas, científicos, políticos, informáticos y otros profesionales. Colaboré con el Banco de Sabadell, el BBVA, La Caixa, Fundació La Caixa, REPSOL YPF, Cuatrecasas, la Fundación Germán Sánchez Ruipérez o la Editorial Santillana; y con instituciones como el Ayuntamiento de Barcelona, la Generalitat de Cataluña, la Escuela de Administración Pública de Cataluña, el Instituto Vasco para la Administración Pública, las Cortes Valencianas, el Senado Chileno o la Secretaría de la Función Pública de México, entre otros. Enseñaba a mejorar las auditorías, las memorias, los informes, las demandas, los artículos o la correspondencia.

También escribí la tesis doctoral sobre esta actividad, aprovechando la gran cantidad acumulada de escritos, ejercicios, evaluaciones y experiencias (Cassany, 1995). En otro lugar he explicado la metodología que seguía para enseñar a los profesionales expertos que no están para monsergas y buscan soluciones inmediatas (Cassany, 2006).

Afilar el lapicero contiene las lecciones más efectivas de esta experiencia. Resume con estilo llano las enseñanzas principales de la literatura técnica[1] y las ejemplifica con escritos auténticos, comentados –y con los nombres convenientemente cambiados. Confío en que mi discurso esté bas-

---

1. Renuncio a detallar en cada capítulo las referencias bibliográficas consultadas, porque sería reiterativo y prolijo. Sólo mencionaré las citas textuales. A continuación presento una lista de los autores que más me han inspirado. Para la descripción del discurso especializado: Sager, Dungworth y McDonald (1980), Kocourek (1991), Cabré (1992), Lérat (1995) y Barrueco, Hernández y Sierra (1993-1996). Entre los manuales de redacción científico-técnica o empresarial, me han interesado: Barrass (1978); Gould (ed.) (1978); Harkins y Plung (eds.) (1982), que presentan una selección de los mejores artículos de diversas disciplinas; Brusaw, Alred y Oliu (1987); Turk y Kirkman (1989) –uno de los mejores–; Kirkman (1992); Boiarsky (1993); Rubens (ed.) (1992) y Shelton (1994). También son relevantes Strunk y White (1917), Flower (1985) y Eagleson (1990). Para la ortotipografía y la edición he tenido en cuenta Perfect (1994), Martínez de Sousa (1992), Pujol y Solà (1995) y el *Diccionario de la edición y de las artes gráficas* (1990). Sobre resúmenes, Hawes y Harkins (1968) y Sekey (1973) dan ideas prácticas. Para el análisis del lector, nos hemos inspirado en parte en Warren (1993).

tante afilado para que los lectores lo puedan aprovechar para afilar los suyos. ¡Que así sea!

AGRADECIMIENTOS

Ningún otro libro mío ha madurado tanto en el disco duro. Los primeros documentos se remontan a finales de los ochenta. Todos los profesionales con quien he compartido aula han contribuido anónimamente a escribir estas páginas. Sus originales, su reacción a mis correcciones, las reflexiones sobre las necesidades comunicativas de su empresa... Todo me ha inspirado. Sin la aportación de estos redactores profesionales de carne y hueso no habría ejemplos reales. Si no hubiese podido penetrar en las interioridades de sus organizaciones, habría menos sentido común y matizaciones en estas páginas.

Otras personas me han ayudado más conscientemente a componer este libro. Han mejorado estas líneas Cristina Aliagas, Victoria Alsina, Elisenda Bernal, Quico Ferran, Cristina Gelpí, Carmen López Ferrero, Carme Ripoll y Joan Sala. Óscar Morales no es sólo el traductor de la versión española de esta guía, sino un buen colaborador en la investigación sobre la comunicación científica. A todos y todas, gracias.

1. SOBRE EL LECTOR

> Escribir es como saltar un canal o un arroyo. Antes de hacerlo conviene fijarse bien en la otra orilla: la arena, las piedras, la altura, la pendiente... Si no calculas bien la distancia o el estado del terreno, fallas en el salto y acabas en el agua.

PRESENTACIÓN

Todos los estudios sobre comunicación profesional destacan la importancia de *analizar al lector*, es decir, de tener en cuenta el destinatario. Saber qué intereses tiene, qué conocimientos previos, qué punto de vista o incluso qué manías lingüísticas, ayuda a evitar malentendidos. Concretar qué hará con nuestro escrito, cuándo lo leerá, cómo o por qué, nos puede ayudar a decidir cómo tenemos que escribirlo. Veámoslo:

1a La propuesta de formación se basaba en algunas teorías de Sigmund Freud, un psiquiatra austriaco de principios del siglo XX que se considera el fundador del psicoanálisis.
1b La multinacional propone un estilo homogéneo y refuta las conocidas teorías de Canagarajah.

Ambos fragmentos fracasan. El primero nos insulta, porque presupone que ignoramos quién es Freud. En el mejor de los casos nos aburre, porque explica lo que ya sabemos. En cambio, el segundo no lo entendemos: presupone que dominamos la teoría del lingüista Suresh Canagarajah sobre cómo se proyecta la identidad de la lengua y la cultura propias cuando se escribe en un segundo idioma. Esta teoría sugerente es reciente y tan poco conocida como su autor, originario de Sri Lanka. En ambos casos, pues, el autor calcula erróneamente el conocimiento previo del lector y provoca efectos negativos. En este capítulo estudiaremos los principales tipos de lector.

Investigación

La relación entre autor y lector es estrecha y sutil. Algunos sostienen que, al fin y al cabo, el estilo del documento está determinado por el destinatario. El autor toma decisiones retóricas sobre su escrito según el lector al que imagina dirigirse. Es el mismo documento el que busca al lector, el que lo selecciona o lo construye.

La investigación ha mostrado que los redactores expertos tienen más capacidad para representarse la situación comunicativa. El experto se imagina mejor y con más facilidad a su lector. Calcula qué sabe y qué no, qué quiere encontrar en el escrito, cómo lo leerá. Luego utiliza esta información para decidir qué incluye o no en el escrito, cómo lo ordena y con qué estilo lo presenta.

¡Pero no es tan fácil! Muchos escritos tienen audiencias múltiples, heterogéneas o desconocidas. A veces lectores distintos buscan cosas diferentes en un mismo texto. A veces un documento pretende cumplir funciones variadas. A menudo es imposible establecer un perfil común de los lectores. Incluso cuando nos dirigimos a un lector individual, conocido y próximo, puede ser complicado discernir sus intereses, conocimientos y puntos de vista.

Analizar al lector es una tarea reflexiva, prospectiva, intuitiva. Lo hacemos antes de escribir y mientras escribimos. Suele ser individual e interior, pero también podemos conversar con nuestros coautores, si no estamos trabajando solos. De hecho, es mucho mejor así.

CRITERIOS GENERALES

Fijémonos primero en lo que podemos analizar del lector. Las preguntas de la izquierda permiten encontrar respuestas para seguir los criterios que se formulan a la derecha:

El lector y el documento	
Características del lector	Criterios para el documento
1. *Propósito de la comunicación:* ¿por qué lee?, ¿qué datos busca?, ¿qué debe hacer?, ¿cómo los usará?, ¿qué le interesa?, ¿qué leerá primero?	Incluye los datos que interesan, ordénalos de más a menos relevantes y redáctalos de manera que puedan usarse provechosamente en el lugar y el momento adecuados.
2. *Conocimientos:* ¿qué información previa tiene?, ¿qué teorías, conceptos y autores conoce?, ¿qué terminología domina?, ¿qué enfoque tiene del tema?	Explica todo lo que sea desconocido y evita la obviedad de lo ya sabido. Céntrate en el enfoque conocido o justifica los que sean diferentes.
3. *Habilidades de procesamiento:* ¿lee en otros idiomas?, ¿entiende formulaciones lógicas, matemáticas, químicas?, ¿lee mapas y gráficos?, ¿lee esquemas, cuadros, tablas?	Prefiere los idiomas originales y las formulaciones específicas, si son conocidas, pero tradúcelos si no lo son. Comenta los gráficos, los mapas y las tablas difíciles. Modera la complejidad de los apoyos visuales.
4. *Condiciones de la lectura:* ¿cuánto tiempo tiene para leer?, ¿dónde leerá?, ¿estará cómodo?, ¿qué edad tiene?, ¿qué manías tiene?	Elige el diseño más idóneo: letra, formato, presentación. Ayuda al lector a leer, con sumarios, conectores, subíndices, tablas, notas a pie de página o finales. No excedas la extensión apropiada.

Así, las instrucciones para utilizar un inhalador bucal deberían valorar que se dirigen a un colectivo amplio y heterogéneo de asmáticos, que sólo pretenden administrarse el medicamento. No quieren conocer la estructura del aparato inhalador o el proceso con que se elabora la sustancia inhalada. Ignoran términos como *budesonida, propelente o corticoide*, no dominan las formulaciones químicas y prefieren los dibujos figurativos a los esquemáticos. Pueden ser ancianos con problemas de vista o temblores en las manos, de manera que conviene una letra grande y papel grueso.

En cambio, la memoria de una prospección geográfica para construir carreteras describe la orografía para modificarla. Debe ser extremadamente precisa; se dirige a especialistas calificados que trabajan en equipo, que dominan la terminología de la disciplina, que tienen destrezas refinadas para interpretar mapas de nivel y que analizarán meticulosamente el documento, con todo el tiempo que haga falta.

Está claro que tener en cuenta estas variables permite tomar decisiones más acertadas para confeccionar ambos escritos. Pero no siempre tenemos toda la información necesaria para responder esas preguntas.

Lectores especializados

En el siglo XX se identificaron los principales prototipos de lector especializado, que representan todas las situaciones posibles. Racker (1959) distingue cinco niveles de lectores en la ingeniería, situados en una escala progresiva de menor a mayor calificación: el operario no técnico, el técnico, el técnico avanzado, el ingeniero y el científico. Pero la clasificación más conocida es la de Pearsall (1969), que establece cinco categorías, combinando dos criterios básicos: el conocimiento del tema y la profesión:

- *Profano.* Lee desde fuera del campo especializado, no conoce ni la terminología o los conceptos ni los fundamentos teóricos. Tampoco domina las habilidades específicas de procesamiento. Sólo quiere hacerse una idea del escrito o entender algunos datos. Ejemplo: una estudiante de arte que lee un artículo semidivulgativo sobre los problemas bioéticos que suscita la inseminación artificial o la clonación de embriones.
- *Ejecutivo.* Es semejante al profano, pero busca más detalles. Debe tomar decisiones y, por eso, le interesan las justificaciones y la visión prospectiva de los hechos. Busca argumentos a favor y en contra, valora las consecuencias y los proyectos. Tiene poco tiempo y necesita entender bien los datos. Ejemplo: el director de una empresa farmacéutica que debe decidir si fabrica y comercializa un producto a partir de los informes químicos, médicos, comerciales y jurídicos.
- *Experto.* Conoce bien el campo porque es un científico, un ingeniero o un doctor universitario. Lee con estímulo y espíritu crítico, contrastando los datos del texto con los que ya sabe; se fija en todo. Exige el uso de la terminología, las teorías y los recursos propios del campo (estadística, fórmulas químicas, diagramas). Ejemplo: una especialista en trasplantes de corazón que lee el último artículo publicado por un reputado colega sobre una controvertida técnica nueva.
- *Técnico.* Tiene un nivel variable de conocimientos previos sobre la disciplina, con frecuencia superior al del ejecutivo e inferior al del experto. Tiene interés por la resolución práctica y lo aturden las abstracciones. Debe aplicar, desarrollar, trasladar a la realidad la información del documento. Ejemplo: un analista informático que lee el informe sobre las necesidades de los contables y auditores de una empresa para elaborar un programa nuevo.

- *Operario.* Combina el nivel de conocimientos del profano con la necesidad de aplicación práctica del técnico. Sólo pretende entender lo que afecta a su trabajo. Ejemplo: un empleado de una fábrica de coches, que trabaja en una cadena de montaje y que lee las instrucciones para realizar una tarea.

Esta clasificación puede ayudarnos a imaginar el lector. Podremos determinar cómo debe ser el escrito, sobre todo cuando se trata de un lector colectivo, diverso o desconocido. Aunque estos prototipos no son excluyentes: muchos documentos se dirigen igual a lectores diferentes y ubicados en posiciones intermedias entre las figuras anteriores.

CATEGORIZAR LECTORES

Desde otra perspectiva, hay lectores durante todo el proceso de confección del documento y a lo largo de su ciclo comunicativo. Muchos documentos se escriben a cuatro manos o más, llevan el visto bueno de un superior o fueron revisados o corregidos por otros. A veces los primeros lectores son los coautores, los secretarios, los jefes o los correctores.

Una vez terminado y enviado, un escrito inicia un recorrido dilatado en que va encontrando varios lectores que lo leen con diferentes propósitos. Por ejemplo, una instancia para la Administración la ve primero la persona encargada del registro, la hojea después quien distribuye el correo entre los departamentos, quizá la revisa a continuación un secretario de la persona a quien se dirige y, al final, la lee con atención quien la debe responder –que quizá tampoco sea aquel a quien se dirige oficialmente. En definitiva, la recepción de un escrito no es un proceso simple, unidireccional o acotado.

Este esquema muestra los principales lectores a lo largo

del proceso comunicativo. Las circunferencias identifican cada figura, marcada con la *L–* inicial de lector:

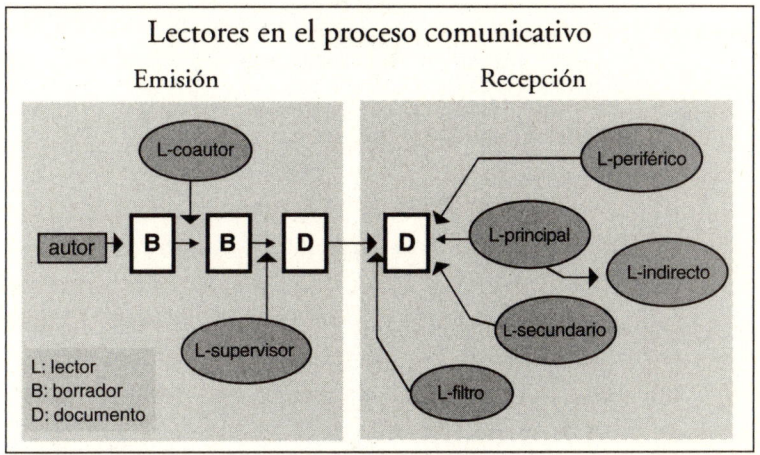

En el ámbito de la emisión o de la producción del discurso:

- El *lector coautor* engloba las diversas formas de colaboración que hay en la autoría: corresponsabilidad completa del escrito, autoría de un fragmento, asesoría externa, etc. Pueden ser desde dos médicas que coescriben un manual de la disciplina hasta un artículo de investigación que firman conjuntamente el autor de una tesis de doctorado y su director (que esconde formas asimétricas de colaboración). En todos los casos, el autor puede preferir un estilo o una estructura determinada para complacer a los coautores, al margen del lector.
- El *lector supervisor* tiene estatus superior a los coautores (más calificación, cargo superior, función decisoria, más poder o prestigio). Interviene en la fase final de la producción, asume la responsabilidad y determina su idoneidad. Corresponde al jefe organizativo que

da el visto bueno, al editor que elige los originales que publicará, al revisor anónimo que valora la calidad de los artículos para un boletín, etc. Aunque no sea el destinatario auténtico del documento, es sin duda un *lector decisivo* para muchos autores.

En el ámbito de la recepción:

- El *lector filtro* corresponde al puesto de trabajo (registro, secretaría, gabinete de prensa o comunicación, bibliotecario) que da cuenta de la documentación recibida, la selecciona y la distribuye o la bloquea. Desde la óptica del autor, es un trámite o un obstáculo importante, porque regula el camino que conduce hacia el lector principal.
- El *lector principal* y el *secundario* corresponden a los destinatarios reales que busca el documento: los lectores de una revista, los clientes potenciales de publicidad, los accionistas de una empresa que revisan el estado de cuentas, etc. La distinción entre varios grupos *(principal, secundario)* permite segmentar y priorizar audiencias heterogéneas.
- El *lector indirecto* no tiene acceso personal al documento, pero accede a la información a través de los lectores directos, que sí acceden al texto. En las empresas y las instituciones, es frecuente que un técnico prepare un escrito porque su jefe (L-principal) defiende un proyecto o presenta unos datos en una reunión ante unos interlocutores (L-indirectos) que no leerán nunca el informe, pero que sí conocerán el contenido.
- El *lector periférico* accede al escrito por azar, rumor, curiosidad, etc. No es ningún destinatario oficial. Así, a veces encontramos unos originales olvidados en la fotocopiadora, un amigo nos habla casualmente de un

informe de su departamento, consultamos en el archivo de la empresa documentos antiguos, etc. Sólo a veces se convierte en un lector relevante para el autor.

Ejemplos

Veamos un par de ejemplos. El lector principal de una memoria de resultados es el accionista de la empresa, pero el técnico que la redacta sabe que quien debe aprobarla antes —¡y quien le puede subir el sueldo!— es el jefe de contabilidad. Así, es más provechoso escribir para el jefe, un simple supervisor, que para el accionista, el destinatario real. Aunque las manías o las exigencias que el jefe imponga sobre la memoria sean perjudiciales para el accionista, el autor hará siempre caso al jefe.

Asimismo, el autor de un artículo científico sabe que sólo lo publicará en un boletín prestigioso si el consejo editorial aprueba el contenido y el estilo, aunque eso suponga hacer las correcciones que ellos establezcan —y que el autor puede considerar perjudiciales para su escrito. ¿Qué es mejor: publicar el artículo mutilado en el lugar deseado o guardarlo en un cajón o publicarlo completo en otro lugar? Pues no hay color: ¡lo primero!

En definitiva, el lector no es único, homogéneo ni simple. Tampoco es estático o prefijado. Varios lectores y muy diversos se acercan a un escrito para hacer lo que les convenga. La pregunta es: ¿cuáles nos interesan más?, ¿cuál es el principal?, ¿tenemos filtros?, ¿hay supervisores o periféricos? Cuanto más conscientes seamos de nuestros lectores, mejor podremos escribir.

2. TÉCNICAS DE ANÁLISIS DEL LECTOR

> No seamos tan simples de imaginarnos a un lector jovial, desinformado, aislado, entregado de corazón al autor y al escrito... ¡Para nada! Es un tipo avispado, interesado, ¡con ideas propias! Pertenece a grupos sociales determinados y trabaja en organizaciones perfectamente planificadas. Si dedica tiempo a leernos es porque quiere aprovecharse. ¡Nos juzgará a fondo y sin piedad!

En este capítulo presentaremos algunas técnicas para analizar al lector en situaciones especializadas: cuando escribimos a varios lectores, cuando escribimos dentro de una empresa o cuando tratamos con un conocido.

ESCRIBIR A UNA AUDIENCIA

A menudo debemos escribir para un colectivo numeroso, más o menos desconocido y probablemente heterogéneo –que denominaremos *audiencia*. Por ejemplo, artículos para ser leídos en boletines, revistas y libros; ponencias y comunicaciones para ser dichas y escuchadas en congresos; normativas e instrucciones de uso para ser consultadas; memorias y circulares para socios y accionistas; webs informativas, etc.

Una técnica útil para estos casos es el *análisis sociodemográfico*. Consiste en recoger datos sobre el perfil de los lectores. Los datos más relevantes son:

- *Personales:* edad, sexo, nacionalidad, estado civil, lugar de nacimiento y residencia, lengua y cultura materna, experiencias interculturales, conocimientos de otros idiomas, intereses, etc.
- *Profesionales:* empleo, cargo, años de experiencia, función, empleos previos, horario laboral, condiciones de trabajo, actitudes respecto al trabajo, etc.
- *Académicas:* titulación académica, centro educativo donde estudió, año en que se licenció, formación profesional continua (conocimientos, habilidades), habilidades informáticas, etc.
- *Socioeconómicas:* renta per cápita, patrimonio, estatus social y económico, ideología política, etc.

Con estos datos podemos afinar el tipo de escrito que hay que hacer. Así, una editorial que pretende lanzar una nueva colección de fascículos, se asegura de que el producto sea acertado haciendo encuestas previas a los compradores potenciales, sobre los puntos anteriores y sobre la valoración que hacen del nuevo producto. Está claro que un autor solo no puede emprender acciones de este tipo, pero sí que puede recoger más modestamente los datos que le aporta la experiencia previa.

Por ejemplo, si conocemos a un lector real de la publicación donde escribiremos, lo podemos tomar como referente e imaginarnos que escribimos para él –y para muchos más como él. Podemos analizar los números anteriores o los títulos previos de la revista o la editorial en la que vamos a publicar y tomarlos como modelo. Si tenemos que escribir una ponencia para un encuentro, merece la pena recordar las ediciones previas del mismo acontecimiento para hacernos una idea de lo que conviene. En todo caso, es esencial saber recuperar y aprovechar la experiencia previa en situaciones semejantes.

Segmentar

Si el lector es colectivo y heterogéneo, es difícil reducirlo a un perfil único. Entonces podemos utilizar técnicas de mercadotecnia, como la de *segmentar el público*. Consiste en fragmentar la masa amorfa de lectores en *grupos* o *sectores* más reducidos y homogéneos —como si fueran tipos diferentes de «clientes» de un producto. Luego podemos elaborar mensajes particulares, más precisos y eficaces, para cada grupo. Veámoslo:

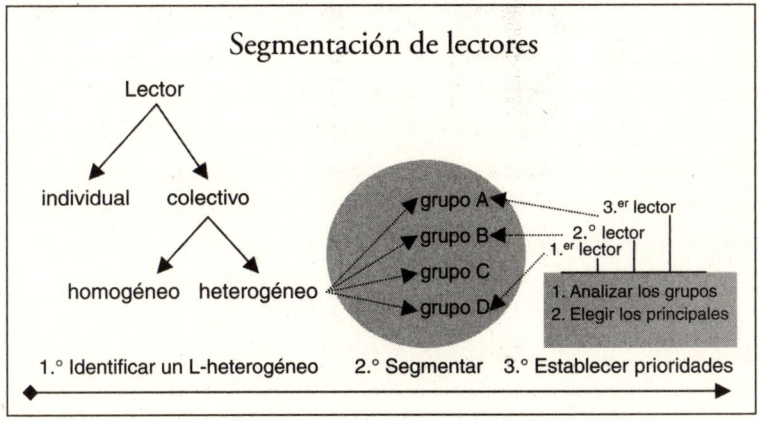

Esta técnica también permite valorar el interés que tiene cada grupo identificado. Permite elegir un segmento como lector principal (o *público diana*), y otros como secundarios o menos relevantes. El autor puede distinguir grupos diversos de lectores (A-D) y valorar su prioridad (1.º: D; 2.º: B, y 3.º: A). Esta elección determina luego el contenido y el estilo del escrito.

Por ejemplo, la revista interna de un gimnasio se dirige a centenares o miles de personas y tiene grupos variados de lectores: los vecinos del edificio del gimnasio, los jóvenes que hacen cursos de artes marciales, los integrantes de los equipos de deportes de competición (baloncesto, fútbol sala), los niños y las niñas de la escuela que hacen la educación física en las instalaciones del gimnasio o los ancianos que hacen mantenimiento. En este contexto, el redactor de un reportaje sobre enfermedades de transmisión sexual puede decidir dirigirse en primer lugar a los adolescentes *(lector primero* o *principal),* después a los adultos solteros *(lector segundo)* y, en último término, a toda la comunidad *(lector tercero).*

Así, el autor puede poner énfasis en los hábitos recomendados para la juventud (prácticas seguras y de riesgo, medidas preventivas) y en las controversias (píldora del día después, aborto), según el punto de vista de los adolescentes que acaban de incorporarse a la actividad sexual. En cambio, la clasificación general de enfermedades o su incidencia entre la población pueden tener menos interés para este colectivo. Sin duda, analizando el lector y razonando de esta manera, el escrito puede tener más eficacia para el público elegido que si quisiera dirigirse a todo el mundo.

Escribir en una organización

A menudo escribimos en una empresa o una institución –en una *organización*– y no importa tanto el tipo de lector como el lugar que ocupa en el organigrama. Al fin y al cabo, los autores y los lectores no somos individuos aislados: trabajamos en departamentos, estructurados jerárquicamente, y ejecutamos funciones preestablecidas. Los escritos tampoco son sonetos improvisados o esculturas aisladas, sino piezas del engranaje de un sistema de comunicación. Un proyecto, una memoria, unas normas o un aviso son documentos que se producen en un punto de la organización, que se diseminan a través de unos canales preestablecidos y que llegan a los destinatarios en otros lugares del organigrama.

Tener en cuenta el entorno organizativo que ocupa el autor y el lector (cargo, función, jerarquía, departamento, etc.), así como los canales por los que circula el documento permite elaborar un escrito más adecuado. Veámoslo:

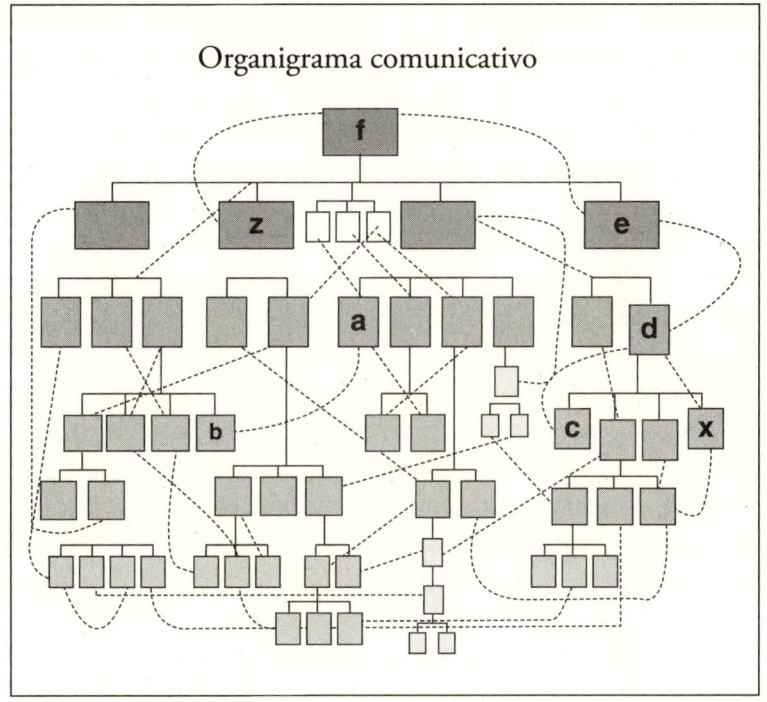

En este esquema, cada cuadro representa un puesto de trabajo (una función, un cargo): los cuadros superiores, grandes y oscuros, simulan los directivos y los inferiores, pequeños y claros, las diversas categorías de subalternos. Las líneas que conectan los cuadros muestran el espeso entramado de comunicaciones de una organización: las líneas rectas y continuas, verticales u horizontales, representan los canales *formales* (reuniones, comunicados internos, informes), que suelen ser oficiales y periódicos.

Las líneas curvas, discontinuas y finas, representan las relaciones *informales* que crecen entre los individuos por razón de sus afinidades personales, que no congenian necesariamente con la jerarquía. Por ejemplo, **a** y **b** no se interrelacionan por ningún canal formal porque pertenecen a departamentos diferentes, pero pueden tener contactos *informales* por motivos extralaborales (son parientes, vecinos, amigos), que aprovechan para hablar de trabajo, aunque sea oficiosamente. Por estos canales se suelen difundir los rumores, que tan importantes pueden llegar a ser en una organización.

Siguiendo a Warren (1993), el *análisis organizativo* permite conocer el recorrido que hará un documento en el organigrama, identificar los lectores que tendrá en cada plan jerárquico y, además, calcular las posibles fugas de información por vías informales. Por ejemplo, supongamos que **x** quiere hacer un proyecto que afecta a **z** y que requiere su aprobación; como tienen posiciones alejadas en el organigrama, el mensaje de **x** debería seguir el canal formal habitual a través de sus superiores **d** y **e**. Así, **x** debe convencer a **d** (lector primero) del proyecto, para que convenza a **e** (lector segundo), que al mismo tiempo debe convencer a **z** (destinatario final). Si tenemos en cuenta las relaciones informales, podemos prever que **c** (compañero de área de **x**, que quedará afectado por el proyecto) tendrá conocimiento de esta propuesta, porque mantiene contactos informales con **d**. Por eso, quizás es relevante que **x** busque una manera de enviar la información a **e**, saltándose **d**, para que **c** no se entere...

Del autor hacia fuera

En efecto, Mathes y Stevenson (1991: 33) sugieren que muchos mensajes suelen saltarse los canales fijados en el interior de una organización y llegar directamente al destinatario. Por eso, proponen analizar el lector de otra manera, con un diagrama *egocéntrico*, que sitúe al autor en el centro y que relacione cada tipo de lector:

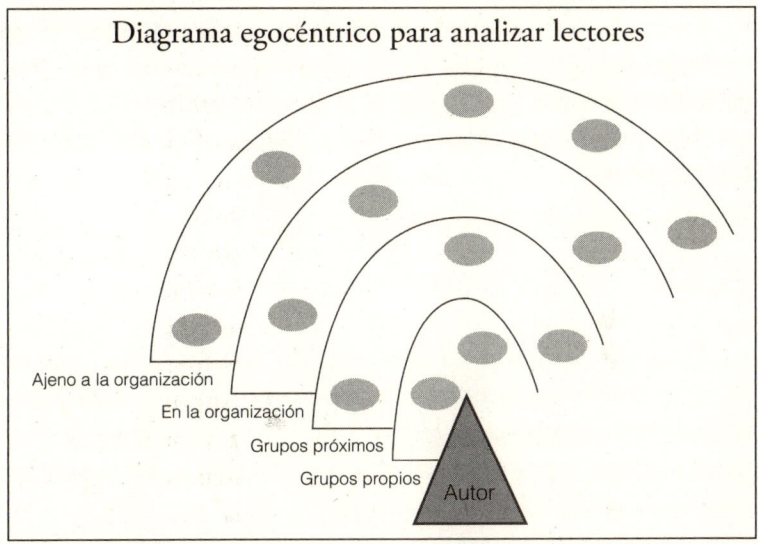

Hay cuatro categorías de lectores, según el grado de proximidad con el autor, marcados con los sucesivos círculos concéntricos. El *grupo propio* está formado por los colegas del mismo departamento o área, con los cuales el autor colabora de manera estrecha y continua, en conversaciones y documentos escritos; estos lectores pueden actuar casi como coautores.

Conforman los *grupos próximos* lectores de otros departamentos con quienes el autor mantiene contactos periódicos por motivos laborales, de manera que son lectores afines. El tercer círculo *(en la organización)* lo forma el resto de lectores internos, que no tienen contactos con el autor y que, por lo tanto, tienen menos conocimientos compartidos. Finalmente, el grupo *ajeno a la organización* incluye los lectores que no comparten la cultura organizativa y que, por ello, tienen aún menos terreno compartido con el autor.

En resumen, la mayor o menor proximidad entre lector y autor en el gráfico indica un grado más o menos elevado de conocimiento compartido entre los interlocutores y ofrece datos relevantes para elaborar el escrito. Cuanto más claro tengamos el lugar que ocupa el autor y cada lector en la enroscada red comunicativa de una organización, más eficaces podremos ser.

Escribir a un conocido

Cuando escribimos a un conocido, es más útil el *análisis psicológico* que las técnicas anteriores. Consiste en imaginarnos cómo reaccionará el lector a nuestro escrito y en anticipar y corregir los problemas que puedan surgir. Éstas son las preguntas que podemos hacernos:

Guía para analizar a lectores conocidos

1. **Conocimientos**
- ¿Qué conocimientos previos tiene?, ¿cuáles le faltan?
- ¿Qué recuerdos tiene del tema?, ¿qué experiencias, contactos, emociones o lecturas previas?
- ¿Conoce la terminología, los autores o los fundamentos del campo?
- ¿Qué quiere saber? ¿Qué necesidades e intereses tiene? ¿Qué debería saber o hacer después de leer el escrito?
- ¿Qué quieres comunicarle? ¿Cuáles son los puntos principales de tu mensaje?

2. **Habilidades**
- ¿Comprende otras lenguas?
- ¿Comprende formulaciones específicas (lógica, química, matemática, mapas geológicos, pirámides de edad)?
- ¿Cómo leerá tu texto?, ¿cuándo?, ¿dónde?
- ¿Qué tipo de lectura hará (vistazo, lectura atenta, selectiva)?
- ¿Qué hará con el texto?, ¿cómo lo utilizará?, ¿para qué lo necesita?

3. **Actitudes**
- ¿A qué cultura pertenece el lector (europea, musulmana, norteamericana, latina, hindú, etc.)?
- ¿Cuál es su ideología política, económica, ética o ecológica?
- ¿Qué actitudes positivas y negativas tiene con respecto al tema?
- ¿Qué manías tiene sobre la escritura?, ¿cuáles puedes atender?
- ¿Qué imagen u opinión tiene de ti, de tu texto, del tema?
- ¿Qué expectativas tiene?, ¿qué espera?, ¿qué no espera?
- ¿Cómo reaccionará al escrito?, ¿qué sensaciones u opiniones le suscitará?
- ¿Qué puntos le gustarán?, ¿cuáles no?
- ¿Qué opiniones, actitudes o manías tienes tú?, ¿qué puedes hacer para salvar las diferencias?
- ¿Qué puedes hacer para rebajar la resistencia o el rechazo, si prevés que lo habrá?

Por ejemplo, podemos haber escrito a nuestro jefe para pedirle un aumento de sueldo, o a un funcionario público para solicitarle su colaboración en una celebración. El análisis psicológico puede decirnos cuáles son los mejores argumentos o las palabras más acertadas, o cuál es el mejor momento para hacer llegar nuestro escrito.

Ejemplo

En una organización es frecuente que un técnico (informático, analista de empresas, químico, contable, auditor) evalúe un hecho (proyecto, auditoría, dictamen, balance) para un superior (director, gerente, asesor) que debe tomar una decisión al respecto. La evaluación se concreta en un documento que suele tener las dificultades propias derivadas del perfil asimétrico del autor y de los lectores:

El técnico especialista y el superior generalista

Autor	Destinatario
Perfil profesional. Técnico y especialista, con formación calificada. Redactar informes es uno de sus trabajos relevantes.	Directivo, jefe, de formación generalista y sin conocimientos específicos. Leer documentos no forma parte de sus tareas más relevantes.
Tareas y propósito. Tiene acceso directo a toda la información, que analiza a fondo para emitir un juicio.	Sólo accede al documento del especialista, cuando quiere hacerse una idea global y tomar decisiones.
Características. Tiene tiempo para interpretar y redactar el informe, que recoge todo su trabajo.	Tiene poco tiempo y leer el informe es sólo una tarea secundaria en el día a día.

El autor es un buen especialista que se gana la vida haciendo evaluaciones y redactando los informes correspondientes. Tiende a hacer escritos prolijos, pormenorizados y técnicos, con la intención de demostrar los conocimientos que tiene o el trabajo minucioso que ha hecho. Pero el superior suele encontrar difíciles estos textos, porque ni tiene la formación necesaria para entenderlos, ni está interesado en conocer los detalles ni tampoco dispone del tiempo suficiente para leerlos completos.

La discordancia entre estos interlocutores genera frustración. El autor cree que el lector no aprecia su empleo y que menosprecia el esfuerzo que le ha dedicado. El lector se siente incómodo con un documento excesivo que le complica el trabajo más que facilitárselo.

Las técnicas de análisis del lector permitirían que el autor se percatase de que su lector tiene un perfil generalista y de que espera un escrito sintético, redactado con un lenguaje plano, sin terminología, para tomar una decisión rápida y segura. Así el lector quedaría satisfecho y estaría más dispuesto a reconocer el buen trabajo del especialista.

Pero la situación es más complicada. Al margen de este lector, el documento debe contener toda la información sobre un tema y debe archivarse, con el fin de que pueda consultarse en el futuro. Entonces, ¿cómo puede ser un informe sintético y completo al mismo tiempo?, ¿o llano y pormenorizado?, ¿cómo se puede elaborar un discurso que satisfaga tanto las necesidades de un jefe ocupado, que quiere ir al grano, como los requerimientos implacables del archivo de una organización, que exige la documentación completa? En el capítulo cuatro hay algunas respuestas.

3. LAS VOCES DEL AUTOR

> El profesional querría utilizar el lenguaje como usa un fotógrafo la cámara fotográfica; es decir: sin salir en la foto. Pero igual que la fotografía tiene un encuadramiento, una perspectiva, una composición y un punto de vista elegidos, así enseña el plumero el escrito.

Presentación

El autor siempre deja rastro. En los discursos profesionales, también. Es falsa la idea de que la técnica o los negocios son independientes de los autores, que los escritos científicos reflejan la realidad con objetividad y frialdad absoluta. Si hay discurso, hay autor, porque los discursos no se hacen solos. Y los autores somos de carne y hueso: vivimos en un lugar y un tiempo y pertenecemos a una cultura –y no a otra.

No podemos cambiar este hecho, pero sí podemos decidir cómo queremos presentarnos. Podemos modular nuestras *voces*. Aquí abordaré estas preguntas: ¿debemos escondernos detrás de la impersonalidad?, ¿cómo introducimos las voces de nuestros colegas?, ¿qué adjetivos, verbos y sustantivos debemos usar?, ¿por qué?

«¿Yo, nosotros o se dice?»

El escrito especializado tiende a esconder a los interlocutores y a usar sobre todo la tercera persona. Por un lado, omite a menudo al lector. Excepto en las instrucciones, es raro encontrar un *consulten* o un *Fíjate* –¡este manual también es una excepción!

Por otro lado, el autor a menudo se esconde detrás de formas impersonales como *se suele entender, se dice* o *se opina*. Cuando es imprescindible referirse al autor, empleamos circunloquios como el *autor cree, según el autor*, para evitar un *creo que* o un *en mi opinión* que parecen demasiado «subjetivos». También es frecuente el denominado plural de modestia, el *nosotros* que sólo abarca a un autor individual –como el que empleo aquí a veces:

Con presencia explícita del autor	Con implícitos
1a. *Hemos detectado* que *el mes pasado* un espía informático entró en *nuestro* sistema [escrito en agosto de 2005].	**1b.** Ø *En agosto de 2005* un espía informático entró en *el* sistema.
2a. *Hemos detectado* un movimiento sospechoso en la cuenta corriente. Los técnicos han denunciado hechos semejantes en informes previos. *Nosotros hemos procedido* a revisar todos los protocolos.	**2b.** *Se ha detectado* un movimiento sospechoso en la cuenta corriente. Los técnicos han denunciado hechos semejantes en informes previos. *Se han revisado* todos los protocolos.
3a. *Entrevistamos allí* al director, quien afirmó...	**3b.** *Auditoría informática entrevistó* al director Ø... **3c.** *Se entrevistó* el director en Madrid, quien afirmó... **3d.** *En la entrevista* Ø, el director afirmó...
4a. *Creemos que* el movimiento...	**4b.** *Ha habido* un movimiento... **4c.** *Se dice que* el movimiento... **4c.** Ø El movimiento...
5a. Esta actividad *nos* ha supuesto un lucro cesante de 12.345 euros.	**5b.** Esta actividad ha supuesto *para la Empresa* un lucro cesante de 12.345 euros.

A la izquierda, el autor aparece explícitamente en pronombres *(nosotros, nos)*, posesivos *(nuestro)*, verbos *(hemos de-*

tectado, entrevistamos, creemos), y más indirectamente en las referencias temporales *(el mes pasado)* y espaciales *(allí)*. A la derecha, se borran estos rastros con formas impersonales *(se ha detectado, se entrevistó, se dice, ha habido)* o la tercera persona *(auditoría informática ha detectado; para la empresa)*. Otro recurso es describir los hechos directamente, como si no hubiese ningún autor, como en las frases que tienen el símbolo Ø.

Se suele creer que las opciones de la derecha son más objetivas y científicas. Muchos autores, correctores y editores lo consideran así y erradican la presencia del autor en la prosa. Pero no hay razones que lo justifiquen. Aunque se oculte el autor, es obvio que es él quien afirma, quien recoge los resultados y quien los interpreta. El lector lo sabe y el autor sabe que el lector lo sabe... ¡Es una convención vacía! ¡Una tradición heredada, gratuita!

Turk y Kirkman (1989) afirman que la tradición de evitar las referencias personales en la prosa científica arranca en la época victoriana y se consolida en el siglo XIX. Consideran que no hay motivo para proscribir tan escrupulosamente los pronombres personales. Kirkman (1992: 70) rebate la idea extendida de que los boletines de investigación no aceptan usar *yo, nosotros* o *nuestra,* con un test simple: de 81 publicaciones científicas de todos los campos del saber que estudió, 74 habían publicado escritos con estos pronombres.

Ignoramos si el español ha calcado el estilo inglés —que domina los foros científicos internacionales— o si tenemos una tradición propia de impersonalidad. No importa: esconder al autor sigue provocando problemas. En primer lugar, para ocultarlo a menudo preferimos soluciones artificiosas como *se ha detectado un movimiento* o *se entrevistó al director en Madrid.* En segundo lugar, la impersonalidad puede crear ambigüedades: en el ejemplo 2b no sabemos si *se han revisado* y *se ha detectado* tienen el mismo sujeto escondido (el *nosotros* original) o no; y a veces eso puede ser fundamental.

INDICIOS DE SUBJETIVIDAD

Podemos oír la voz del autor en otros lugares, de manera más sutil. Veámoslo:

6a Es un tratamiento largo.
6b Es un buen tratamiento.
6c Es un tratamiento intravenoso.

¿Qué frase es más objetiva? Sin duda, la 6c. El *tratamiento intravenoso* se opone al *tópico*, al *oral* o al *rectal*, que describen categorías empíricas. En cambio, un *tratamiento largo* depende de una referencia implícita: ¿cuánto dura un tratamiento?, ¿una semana?, ¿un mes?, ¿medio año? Y quizá no haya ningún acuerdo claro: lo que es largo para un especialista puede ser normal para otro. Por lo tanto, 6a deja escapar el punto de vista del autor y es subjetivo. Todavía lo es más decir *es un buen tratamiento;* presupone un juicio de valor explícito, que la comunidad puede discutir.

En definitiva, la voz del autor (su punto de vista, la subjetividad) emerge en la prosa de varias maneras. Los lingüistas lo llamamos la *modalización* del discurso, es decir, los indicios lingüísticos que muestran la actitud del autor con respecto a lo que dice. Esta lista ofrece algunos ejemplos (a partir de Kerbrat-Orecchioni, 1980):

Indicios de subjetividad

Nombres. Algunos sustantivos esconden juicios de valor:
- Palabras informales con connotaciones despectivas: *clientela, cháchara,* etc.
- Palabras con sufijos apreciativos: *-illo/illa (oficinilla), -ete/eta (directorete) -ote/ota (bacteriota), -ucho/ucha (licenciaducho), -azo/aza (clientazo),* etc.
- Metáforas que aportan connotaciones populares: *laboratorio* como *cafetera, documento* como *tostón, despacho* como *castillo* o *palacio,* etc.

Adjetivos. Distinguimos varios tipos según su carga subjetiva:
- *Objetivos.* Describen propiedades empíricas: *soltero/casado, masculino/femenino, italiano/francés, tópico/oral.*
- *Valorativos.* Dependen del punto de vista del autor: *grande/pequeño, caliente/frío, abundante/escaso.*
- *Subjetivos.* Implican juicios de valor: *bueno/malo* o *bonito/feo.*
- Con sufijos apreciativos: –esco/esca *(carnavalesco),* –il *(carpinteril),* –ón/ona *(criticón),* etc.

Verbos. Algunos verbos subjetivos, de sentimiento o los denominados *dicendi* muestran la actitud del autor:
- *Subjetivos.* Contienen juicios de valor: *chillar* por *gritar, perpetrar* o *cometer* por *hacer...*
- Verbos de *sentimiento,* con valor expresivo: *gustar, apreciar, odiar, estimar, desestimar...*
- Verbos *dicendi,* con el valor de *decir: afirmar, criticar, sostener, preguntar, insinuar...*

Adverbios. Distinguimos varios tipos de adverbios según su carga subjetiva:
- *Subjetivos.* Muestran la actitud del autor: *obviamente, quizá, sin duda, ciertamente, seguramente, lamentablemente, afortunadamente...*
- *Objetivos.* Dan datos objetivos: *siempre/nunca, delante/detrás* u *hoy/mañana...*
- *Valorativos.* Dependen de referencias más o menos subjetivas: *cerca/lejos, rápidamente/despacio* o *de vez en cuando...*

¿Y conviene evitar estas expresiones? ¡Sí y no! Es imposible esconder todos los rastros de subjetividad. Es más inteligente tomar conciencia de ello e intentar gestionarlo: ser explícito cuando nos convenga dar una opinión, o evitar los referentes implícitos o imprecisos *(apliquen la loción de manera abundante)* y las connotaciones coloquiales *(la cabañita estaba situada a 30 metros de la carretera)* cuando pretendamos describir hechos de la manera más empírica posible.

Atenuantes e intensificadores

La prosa científica utiliza recursos más sofisticados para modular la voz. Los artículos de investigación suelen adoptar un tono humilde y cortés para fomentar el diálogo con los colegas. Pero a menudo debemos destacar la importancia de nuestra investigación..., sin parecer arrogantes, interpretar unos resultados que no son concluyentes o criticar las investigaciones previas..., aunque sean de los compañeros. ¡Qué compromiso!

Para favorecer que los lectores acepten el discurso, que no se enfaden y que nos aprecien, utilizamos estrategias retóricas sutiles: los *atenuantes* (o *mitigadores, escudos* o *matizadores; hedges*, en inglés) y los *intensificadores* (o *refuerzos* o *enfatizadores; boosters*, en inglés). Los primeros permiten rebajar o afinar una afirmación. Por ejemplo, en vez de escribir un contundente *valoramos positivamente estos resultados*, preferimos un *podríamos valorar bastante positivamente estos resultados*, que matiza la oración con un verbo modal *(poder)*, el tiempo condicional *(podríamos)* y el adverbio *(bastante)*.

Al contrario, los intensificadores permiten fortalecer una afirmación, incrementar su rotundidad o blindarla de posibles críticas. Expresan la convicción del autor sobre lo que dice, su certidumbre y su solidaridad con la audiencia. Tomando el mismo ejemplo, escribiríamos *los resultados aportan claros valores positivos* o *la valoración claramente positiva de los resultados...*, enfatizando al objeto *(resultados)* y borrando al agente *(el investigador)* –procedimiento que denominamos *desagentivación*. Veamos más ejemplos (a partir de Oliver, 2004):

Atenuantes e intensificadores

	Tipo y funciones	Recursos lingüísticos	Ejemplos
Atenuantes	*Escudos.* Para protegerse y anticiparse a las reacciones negativas de los lectores.	Verbos modales *(poder, deber)*, verbos semiauxiliares *(parecer, soler)*, adjetivos y adverbios de probabilidad *(probablemente, seguramente)*, verbos epistémicos *(indicar, sugerir, mostrar)*.	*Los datos pueden mostrar que...* *Este resultado dice ser igual...* *La fotografía parece indicar...* *Estas cantidades suelen sugerir que...* *El análisis seguramente presenta inestabilidad...* *Es probable que...*
	Aproximadores. Para indicar probabilidad y hacer premeditadamente «vago» algún dato.	Adjetivos y adverbios o locuciones de cantidad *(bastante, poco)*, grado *(más o menos, aproximadamente, de alguna manera)*, frecuencia *(a menudo, raramente, generalmente)*, tiempo *(ocasionalmente)*.	*Esta correlación es bastante clara...* *Los datos corresponden más o menos a...* *La mayor parte de los autores...* *Hay un poco más de...* *De alguna manera, el experimento sostiene que...*
	Expresiones de duda personal e implicación directa. Evalúan lo dicho: para distanciarse o posicionarse.	Tiempo condicional, subjuntivo, uso de la 1.ª persona (posesivos, verbos y pronombres).	*La sustancia podría descubrir, creo...* *Si se incluyesen los sujetos atípicos, en mi opinión...* *Creemos que eso...* *Nos parece que...*
Intensificadores	*Construcciones impersonales*	Formas impersonales *(se ha comprobado que)*, pasivas *(el virus fue inoculado)*, nominalizaciones *(la inoculación del virus)*, verbos activos con sujetos inanimados *(la biopsia no apreció, las pruebas obligan a considerar)*.	*No se ha determinado la etiología exacta...* *La anestesia general se define como un estado reversible de inconsciencia producido por agentes anestésicos...* *Se han identificado diez tipos de S.E.D...* *Las pautas sugieren que se cuente con...* *La investigación informa que la etiología...*

En definitiva, los atenuantes y los intensificadores permiten graduar todo lo que decimos. Permiten ser cautos, decididos, humildes, seguros o premeditadamente imprecisos, según sea el caso. De esta manera negociamos nuestra identidad como autores con la comunidad a la que queremos pertenecer.

Ejemplo

Analicemos la reformulación de un fragmento de informe de auditoría interna, en una entidad financiera. El original lo escribió un aprendiz en un curso de redacción. Aunque no mantiene la estructura de una auditoría auténtica, sí tiene el contenido y el estilo habituales. Estudia un posible trato de favor no justificado: el director de una oficina de un banco ofrece un trato «especial» a un cliente sin motivo (volumen de negocio pequeño, cliente no relevante, etc.).

La reformulación menciona los hechos de manera empírica, sin sesgo ni imprecisiones. Compara:

Original	Reformulación
[...] En los cuatro días que permanecimos en la oficina, este cliente se presentó tres veces, siendo todas ellas tratado personalmente por el director. De las tres visitas, dos fueron simplemente para retirar su dinero de su cuenta corriente, evitándose con esta atención personal, las largas colas en las ventanillas de caja que existen en esta oficina. La otra visita fue para tratar temas personales, sin nada que ver con la actividad de la sucursal. El director lleva personalmente el control de las cuentas de este clien-	**Hechos** **Atención personalizada** 1. Durante los 4 días que Auditoría estuvo en la oficina, el cliente hizo 3 visitas y fue atendido por el director. En 2 visitas retiró dinero de la cuenta y evitó las colas de las ventanillas de caja, con la atención del director. No hay datos sobre el propósito de la 3.ª visita. 2. El director controla personalmente las cuentas del cliente: realiza las operaciones necesarias para atender los pagos y distribuye el rema-

te, realizando las operaciones necesarias para atender los pagos que se le presentan y mantener el remanente distribuido de la forma más rentable. Esta operatoria le exige una atención casi diaria. [...]

Disfruta además de una tarjeta Visa Oro y otra Visa Electrón completamente gratis, y en las esporádicas operaciones de compraventa de valores, el cobro de comisión es mínimo.

En las cancelaciones de depósitos a plazo fijo que ha realizado con el objetivo de reinvertirlos en otros productos con mejores rentabilidades, se le ha condonado la comisión de cancelación anticipada.

Esta sucursal es una de las oficinas de la red que menos comisiones condona, por lo que es llamativo la operatoria seguida con este cliente. [...]

Como anécdota, en las fechas navideñas, el mejor regalo que realiza la oficina a sus clientes es para éste. [*219 palabras*]

nente de la manera más rentable. Eso exige atención casi diaria.

Retribución de los depósitos
1. Dispone de tarjetas Visa Oro y Electrón sin cargo.
2. Se cobra la comisión mínima en las operaciones de compraventa de valores, que son escasas.
3. Se condona la comisión de cancelación anticipada de depósitos a plazo fijo (para reinvertirlos en productos más rentables), aunque esta sucursal sea una de las que condona menos comisiones.
4. Por Navidad el cliente recibe el regalo más costoso de la oficina. [*161 palabras*]

Sin duda, los apartados con título interno y hechos numerados de la reformulación ayudan a ordenar los datos. Entre otros aspectos, la versión de la derecha elimina las repeticiones, las expresiones connotadas *(es llamativo, como anécdota, disfruta)*, los adjetivos imprecisos *(operaciones esporádicas, mejor regalo)* o los adverbios modalizadores *(simplemente, completamente)*. También prefiere la 3.ª persona *(Auditoría estuvo)* a la 1.ª *(permanecimos)* y las cifras *(4-3-2)* a las letras *(cuatro, tres, dos)*. En resumen, la reformulación es más objetiva, precisa, ordenada y breve.

4. LA ORGANIZACIÓN DE LOS DATOS

> Cada género tiene una estructura. Acertar el lugar más adecuado para cada dato es un problema de lógica o coherencia del contenido, pero también de adaptación al propósito y al lector. Más aún: organizar quiere decir diseñar las páginas, decidir los apartados y cortar los párrafos.

Presentación

Podemos distinguir tres partes o componentes en un documento, prescindiendo de las particularidades de cada género textual: la *presentación*, el *núcleo* y el *cierre*. Esta estructura trimembre ejerce diversas funciones y sigue la máxima de la oratoria clásica: *di de qué vas a hablar, habla y di de qué has hablado.*

Otros componentes que contribuyen a organizar los datos son los *apartados* y *subapartados,* el *anexo*, las *notas* y los *párrafos*. Incluso la *hoja* o *página* —como unidad visual— incide también en la confección de un documento. De todo hablaremos un poco.

Introducción

La *introducción* (también denominada *avance, presentación, materiales preliminares)* tiene las funciones de seleccionar al lector y de prepararlo para la lectura del resto del texto, anticipando, organizando y resumiendo el contenido. Puede ser útil también para orientar lecturas parciales o selectivas del documento o para indexarlo en fondos documentales. La introducción puede incluir varios elementos textuales: la portada, la identificación del documento *(título, autoría, procedencia, editorial,* etc.), el *aparato titular* (título y subtítulo, títulos internos), el *índice* general, el *resumen*, la *distribución* (lista de lectores destinatarios), el *prólogo*, los *agradecimientos*, etc.

Hay que tener en cuenta que, antes de empezar a leer, ya tenemos «unas primeras impresiones» de un escrito. «Un documento empieza a generar una respuesta tan pronto como reposa encima de la mesa de los lectores. De hecho, se puede decir que los informes y los artículos empiezan a despertar actitudes positivas o negativas incluso antes. Las reacciones de los lectores están influidas por la facilidad con que pueden identificar el documento que les interesa o con que pueden recuperarlo de las bibliotecas y de las bases de datos» (Turk y Kirkman, 1989: 44).

Cuando el documento yace encima de la mesa, el índice y el resumen nos dan una primera idea rápida del texto. Responden preguntas como: *¿me interesa?*, *¿trata de mi campo?*, *¿debo leerlo?*, *¿debo leerlo completo?* o *¿cuánto tiempo me llevará?* Si no estamos obligados a leer el escrito, estas respuestas pueden determinar que lo abandonemos o no. Si no lo abandonamos, el resumen nos anticipa los datos básicos del cuerpo del texto, de manera que podemos activar los conocimientos previos, formular hipótesis y leer más interactivamente. El índice también permite hacer una lectura selectiva de aquellas partes que más nos interesen.

En definitiva, la introducción provoca las primeras impresiones al lector, delimita su alcance (tema, contenido), da el esqueleto o la estructura completa del documento (índice) y sintetiza y anticipa las ideas más relevantes en un resumen. En los capítulos siguientes, analizaremos algunos de estos componentes.

CUERPO

El *cuerpo* es la parte central del documento y tiene el objetivo de desarrollar todos los datos. También se denomina *núcleo, exposición* o *desarrollo*. Es el componente más variable por lo que respecta a extensión, número y tipo de apartados o a la inclusión de elementos complementarios, como *tablas, dibujos* o *gráficos*. No tiene restricciones en relación con la estructura, el enfoque o el nivel de especificidad, a diferencia de la introducción y del cierre, que tienden a ser breves, sintéticos o esquemáticos.

Suele tener un estilo discursivo que fomenta la reflexión y evita las formulaciones esquemáticas y la síntesis. Algunos de los componentes textuales que suele incluir son los *objetivos del trabajo*, la *metodología* empleada, los *antecedentes*, los *hechos* o *resultados*, su *valoración*, etc.

Tanta versatilidad impide identificar otros rasgos comunes del cuerpo de los documentos. Pero algunos géneros con tradición disponen de estructuras muy formalizadas. En el ámbito administrativo, el *informe técnico-jurídico* consta de *antecedentes* o *relación de hechos* y *fundamentos de derecho*. El informe de *auditoría interna* tiene habitualmente *objetivos, metodología, hechos, conclusiones* y *recomendaciones*. Asimismo, el *artículo de investigación* tiene la famosa estructura de IMRD o *introducción, metodología, resultados y discusión*.

Otros tipos de informes no tienen tradición ni regulaciones y se componen de apartados y títulos particulares para cada contexto. De hecho, cada autor *se inventa* a conveniencia los apartados del cuerpo, de acuerdo con sus necesidades. En una institución o empresa, la tradición puede haber fijado algunas estructuras; por ejemplo, el libro de estilo de La Caixa (1991) presenta cuatro tipos de informes técnicos (de proyecto, de gestión, de oficina y de análisis de riesgo).

El cuerpo es a menudo el primer componente que se elabora de un documento. Tanto la introducción como el cierre son reformulaciones (síntesis, introducciones, propuestas de futuro). El índice, el resumen, la bibliografía o las conclusiones dependen directamente del cuerpo y se elaboran después o al mismo tiempo.

Cierre

El *cierre* concluye el documento con el propósito de preparar al lector para las actividades posteriores a la lectura. También se denomina *resumen, conclusión* o *recapitulación*. Incluye, entre otros elementos, las *recomendaciones*, las *conclusiones*, el *epílogo*, la *resolución*, la *bibliografía*, los *anexos*, el *apéndice* o los *índices específicos* (temáticos, analíticos, onomásticos).

Si la presentación anticipa los datos más relevantes e introduce al lector en el texto, el cierre proyecta la información hacia el futuro. Prepara las tareas posteriores: revisar la bibliografía, poner en práctica las recomendaciones, formular nuevas hipótesis, preparar nuevas investigaciones. Los anexos, los índices analíticos y la bibliografía son herramientas para ampliar lo expuesto, ya sea haciendo una relectura selectiva del mismo documento (guiada por un índice analítico), leyendo los documentos complementarios incluidos en los anexos, o buscando nuevos textos a partir de las referencias citadas. Al igual que la introducción, el cierre también se caracteriza por tener un grado de estandarización elevado y por utilizar formulaciones esquemáticas (listas, numeraciones, afirmaciones breves).

PIRÁMIDES

Varios manuales de comunicación profesional recurren a la conocida fórmula periodística de la pirámide para organizar los datos en un informe: poner la información básica al inicio, en la punta de la pirámide (título, resumen, resultados generales), y dejar los datos completos y los detalles para el final, en la base, como muestra este esquema (Turk y Kirkman, 1989):

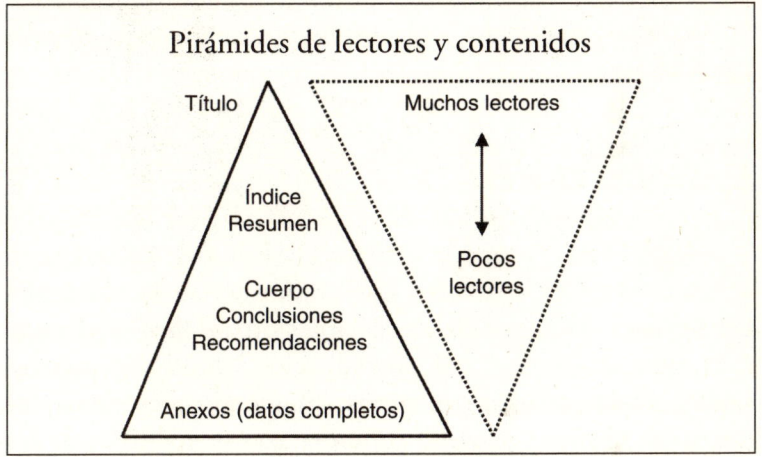

La pirámide de la izquierda representa la ordenación de los datos y la de la derecha, el número de lectores que leen cada componente del documento. Coincidiendo con la punta de la pirámide, el título y el resumen presentan los datos esenciales que pueden entender muchos lectores. En la base, los anexos y demás componentes del cierre aportan datos pormenorizados y completos que sólo interesan a unos pocos lectores. A medida que el documento da datos, cada vez más pormenorizados y complejos, se pierden los lectores que sólo querían hacerse una idea general; solamente se conservan los que están realmente interesados y buscan datos más precisos.

Esta estructura piramidal permite atender a lectores que buscan en un mismo documento propósitos tan diversos como los de hacerse una idea global, buscar datos específicos o barrer exhaustivamente el escrito. Por ejemplo, el lector ajetreado que sólo quiere formarse una opinión general puede leer con rapidez el resumen y algún componente del cierre, mientras que el lector analítico que busca datos concretos puede rastrear con atención el núcleo y los anexos con los índices analíticos.

Siguiendo este planteamiento, algunos autores proponen estructuras piramidales más pormenorizadas para géneros particulares.

El informe técnico

Blicq (1990) propone el método SIDCRA, haciendo un acróstico con los apartados que conformarían la estructura del informe técnico –en una adaptación *sui generis* al español: *s*umario (o resumen), *i*ntroducción, *d*esarrollo, *c*onclusiones, *r*ecomendaciones y *a*nexos. Siguiendo el esquema, los apartados avanzan desde el sumario, con una síntesis de los puntos más relevantes, hasta los detalles exhaustivos incluidos en los anexos.

La *introducción* plantea el contexto en que se sitúa el informe: el tema, los problemas o las necesidades que lo motivan, los hechos previos y los objetivos que pretende lograr. Para el *desarrollo*, que debe incluir la cantidad más grande de datos, Blicq propone otra técnica periodística: las famosas *6 preguntas (quién, qué, cuándo, cómo, dónde, por qué)* que los periodistas utilizan para componer el primer párrafo de una noticia. Para este autor, el desarrollo debe responder también estas cuestiones, que constituyen los aspectos más importantes que componen un tema.

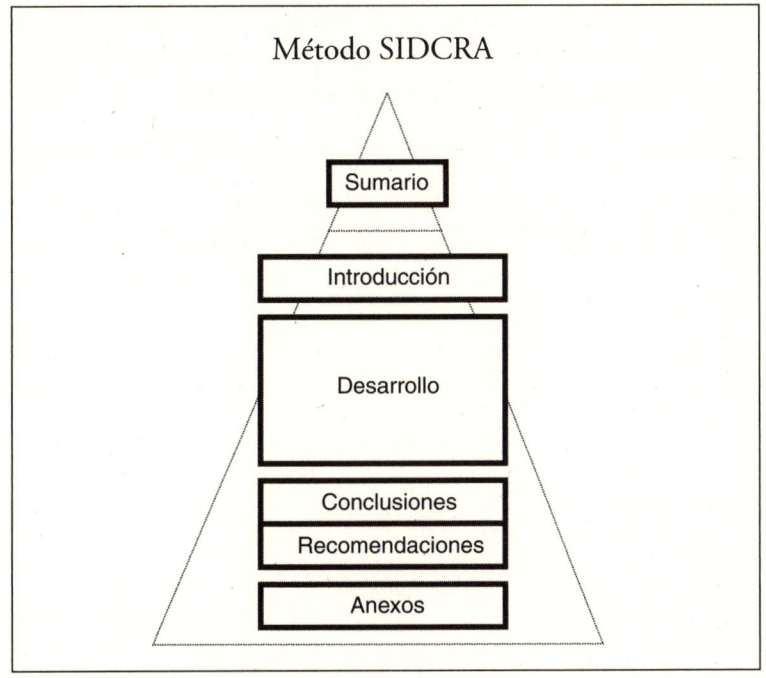

Blicq afirma que las *conclusiones* y las *recomendaciones* tienen mucha importancia en el informe y deja abierta la posibilidad de que ocupen posiciones más avanzadas en la estructura. No es extraño que el sumario incluya lo más esencial de las conclusiones o las recomendaciones. Más adelante hablaré de los anexos.

El artículo de investigación

Swales (1990) propone estos trapezoides para explicar la estructura del artículo científico de investigación. En este género, la *introducción* delimita el campo de estudio y por eso empieza con una base amplia que se va cerrando, para dar paso al desarrollo de un experimento concreto. Por el contrario, los resultados arrancan con los datos obtenidos en la investigación realizada (base estrecha) para proyectarse nuevamente hacia el campo en que se instauran, ensanchando la base.

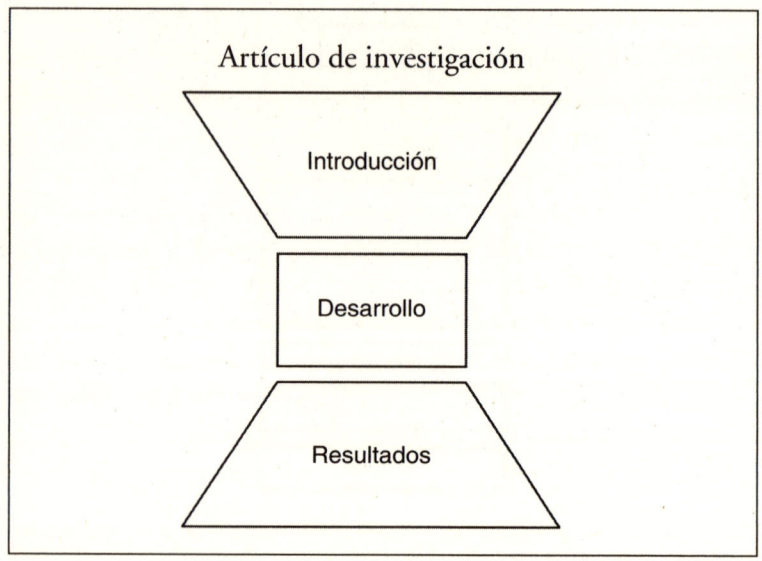

El autor también explica que la introducción suele seguir la siguiente estrategia. Primero, *establece un territorio de estudio o búsqueda*, es decir, delimita la disciplina y el ámbito estricto en que se realiza el trabajo, mencionando los estudios y los autores previos más relevantes. Enseguida, *identifica un agujero o vacío en el territorio* o algún aspecto que no ha merecido la atención de la comunidad científica. Para acabar, presenta la búsqueda realizada como la *ocupación de este agujero* pendiente.

Anexos

El *anexo* (o *apéndice*) merece consideración especial por la función de descarga informativa que ejerce. Es habitual que haya conflicto entre lectores y funciones, como ya hemos visto. Por una parte, un jefe ocupado quiere leer el escrito en pocos minutos para hacerse una idea global y tomar decisiones –hablaríamos aquí de función *informativa*. Por otra, el mismo escrito debe recoger toda la documentación (estadística, auditorías, análisis, comprobantes, certificaciones) para archivarla y para que pueda ser consultada en el futuro –función *documental*.

En estos casos el anexo permite agrupar los datos en dos o más niveles de especificación, que se adecuen a estas funciones. El cuerpo puede satisfacer las prisas y la necesidad de síntesis del jefe, y el anexo permite almacenar todo lo que sea demasiado pormenorizado o específico, como si fuera un auténtico *cajón de sastre*. Incluso podemos distinguir dos o más anexos, con varios grados de detalle, dirigidos a diferentes funciones documentales o lectores potenciales. Notemos las diferencias entre el cuerpo y el anexo de un escrito:

Selección de datos	
Cuerpo del escrito	Anexos
Pone énfasis en el lector. Incluye los datos básicos y responde a un contexto concreto (tiempo y espacio).	Pone énfasis en la información. Recoge todos los datos y los archiva para siempre.
Incluye sólo los datos relevantes: propósitos, resultados globales, recomendaciones, argumentos importantes.	Incluye todos los datos: metodología, resultados completos, estadística. Prescinde de las necesidades temporales y de los lectores circunstanciales.
Organiza los datos según el interés del lector. Extensión limitada. Lengua común, números redondos, comentarios generales.	Sigue criterios archivísticos. Sin límites. Registro especializado, números exactos, comentarios pormenorizados.

Muy bien. Pero ¿qué datos deben ir en el cuerpo?, ¿y en el anexo? ¡No es tan fácil! Algunos autores creen que el anexo es un apartado *marginal* o irrelevante y que nadie lo consulta, por lo que prefieren cargar toda la información en el cuerpo. Es un error. Así se confunden las dos funciones mencionadas. También se hincha el documento y se aleja de las necesidades del lector principal.

Notas

Otra herramienta para organizar el contenido son las notas, esas aclaraciones que van aparte y con letra más pequeña. Pueden ir al margen,* a pie de página[1] o al final del capítulo[a] o del documento —¡y tú mismo puedes experimentar los efectos que provoca cada posición!

* Las notas en el margen son las más próximas al texto referido y las más fáciles de leer. Pero exigen un diseño especial de la página.

La nota se relaciona con el punto del texto al que se refiere con una *llamada*, que puede ser un asterisco, un número o una letra superíndices —como en el párrafo anterior. Lo más corriente son las cifras, sobre todo si hay varias notas y debemos mencionarlas en otras partes del documento, pero el asterisco es útil para llamar una nota en las tablas y los gráficos o cuando la prosa incluye cifras.

Suelen ir en notas las referencias bibliográficas, los datos técnicos o complementarios o los detalles e informaciones secundarias que sólo interesan a los lectores más minuciosos. Una nota bien organizada permite que el lector ajetreado se salte los datos que no le interesan o que el curioso encuentre lo que busca. Conviene evitar las notas demasiado largas, la acumulación de notas en una página o lo que hacemos los

---

1. Las notas a pie de página son muy visibles y bastante prácticas, porque pueden leerse sin tener que cambiar de página. También son las más corrientes en los artículos de investigación y en mucha documentación técnica. Pero a pesar de eso conviene no abusar porque incrementan la complejidad del escrito. Por eso he dejado sólo dos de las que había en este libro.

autores, a veces, cuando vamos con prisas y tenemos que añadir datos a un escrito: los metemos en notas y así no es preciso retocar nada más... ¡De ninguna manera! Hay que usar las notas de modo estratégico y no como un parche.

Párrafos

El párrafo es la unidad inferior al apartado y al subapartado. No suele llevar epígrafe o título interno y tiene unidad significativa y gráfica. Respecto al sentido, es monotemático y trata de un aspecto particular del contenido. Respecto a la forma, empieza con una entrada o sangrado en la primera línea y acaba con un punto y aparte final y con una línea blanca o una interlínea superior con el párrafo siguiente. Algunos escritos numeran los párrafos, pero no es habitual.

Los manuales de estilo que se refieren más extensamente al párrafo son los periodísticos, que conviene leer con cautela, porque no se refieren a la prosa profesional (véase página siguiente).

Duque García (2000: 197) menciona tres manuales de redacción científica para el inglés que también recomiendan brevedad, aunque la miden con criterios diferentes: que cada párrafo lleve una idea principal y 4 o 5 secundarias; que se componga de unas 3 oraciones, o que tenga entre 100 y 300 palabras de extensión.

En mi experiencia en empresas e instituciones, el párrafo tiene más valor gráfico que semántico. Abundan los párrafos muy breves para aligerar la exposición. Se cree que las páginas cargadas con mucha letra y párrafos largos son más pesadas que las que tienen muchos párrafos breves. Quizá esta tendencia favorezca la presentación de la página, pero a mi parecer tiene efectos negativos en la estructura del contenido. El abuso de los párrafos breves, a menudo de una sola frase, convierte el escrito en una lista inconexa de ideas.

El párrafo en los medios de comunicación y las empresas

Autoría	Extensión	Comentarios
AVUI (1997)	Un párrafo no debe tener menos de 5 líneas (70/80 espacios) ni más de 8.	Dos frases, mejor que una extensa.
El 9 Nou, Coromina (1991)	La longitud ideal del párrafo del cuerpo de la noticia no supera las 20 líneas (menos de 100 palabras).	Los párrafos constituyen unidades significativas autónomas. Cada uno se centra en un aspecto concreto o parcial. Cada párrafo es consecuencia del anterior. Se deben evitar conectores o nexos largos, torpes o estereotipados.
La Caixa (1991)	Variable. Son preferibles los párrafos breves de 3 a 6 líneas, que contengan entre 2 y 5 frases o puntos y seguido.	Es una unidad temática y gráfica. Los muy largos son concentrados, pero los cortos (1 o 2 frases) desdibujan la estructura del documento. Tampoco se recomiendan los párrafos largos de una frase.
La Vanguardia (2004)	4 o 5 oraciones como máximo.	Deben ser cortos y de extensión uniforme en cada texto. No se puede empezar nunca un párrafo con un adverbio.
El País (2002)	100 palabras como máximo.	Hay que variar la longitud y el orden de las estructuras. No se debe empezar con adverbio. Cada uno debe tener cierre de contenido, debe poderse leer como si fuera el último.
El Periódico (2002)	El párrafo debe ser corto.	No es conveniente comenzar un párrafo con un adverbio.
La Voz de Galicia (1992)	Entre 3 y 20 líneas.	La última línea debe tener como mínimo 4 caracteres.
France-Presse (1982)	5 o 6 líneas como máximo, excepto en las citas.	Hay que evitar los párrafos y las frases largas, sin caer en el extremo contrario.
Reuter (1992)	Los párrafos iniciales *(leads)* deben tener menos de 30 palabras, 2 o 3 frases.	Variar la longitud de los párrafos. Evitar los párrafos de una frase.

Ejemplo

Más allá de criterios generales y de géneros particulares, las circunstancias (tema, propósito, lector) que concurren en cada documento inciden en la estructura de la información, como muestra esta simulación:

Dos informes (adaptado de Delisau, 1986: 56-57)

La empresa Ficticia renueva el parque informático y el gerente le ha encargado a un técnico que estudie las ventajas y los inconvenientes de las tres principales opciones que ofrece el mercado (Microharto, Palabretti y Paquetón) para recomendar una compra. El técnico ha estudiado los costes de adquisición y mantenimiento y las prestaciones (facilidad de uso, seguridad, capacidad). También ha recogido las preferencias y las opiniones de los usuarios y ha llegado a la conclusión de que la mejor opción es Palabretti. Pero duda entre estos dos índices para su informe. ¿Cuál elegirías tú?

1.º	2.º
1. Introducción	1. Fuentes de información y metodología comparativa.
1.1. Problema objeto del estudio	2. Los costes favorecen la Palabretti.
1.2. Método e información empleados	3. Prestaciones semejantes de los tres modelos.
2. Análisis de los tres equipos	4. Los usuarios prefieren Palabretti.
2.1. Microharto	5. Recomendación de compra: Palabretti.
2.2. Palabretti	
2.3. Paquetón	
3. Conclusiones y recomendaciones de compra	

En apariencia, el primer índice parece mejor porque ordena el contenido con más precisión, con dos niveles jerárquicos, títulos convencionales y una estructura más lógica, tratando cada marca por separado. En cambio, el segundo tiene un solo nivel jerárquico, títulos extensos e infrecuentes, con frases completas, y una ordenación por conceptos que puede confundir. También puede parecer más subjetivo porque formula explícitamente el resultado del estudio. Por ello podemos preferir el primero.

Pero desde la óptica del gerente que debe tomar la decisión final, el segundo es mejor. Se adecua más al propósito de la tarea: estudia las ventajas y los inconvenientes de las tres marcas y recomienda una. Si el lector está atareado, tiene poco tiempo y escaso interés en los detalles, agradecerá que los títulos del índice ya le informen del resultado o que se eviten cuestiones de procedimiento como el *problema objeto de estudio* o el *método*.

Además, los apartados del 2 al 5 del segundo índice comparan en una misma sección los costes, las prestaciones y las preferencias de los usuarios de cada marca. Eso facilita la interpretación de los datos. En el primer índice, en cambio, el lector debe ir adelante y atrás para contrastar las marcas, ya que cada marca ocupa un apartado diferente. Por ejemplo, para saber cuál es la máquina menos costosa, hay que consultar tres puntos (apartados 2.1, 2.2 y 2.3).

En resumen, con palabras de Delisau (1986: 56): «La forma más efectiva de organizar la redacción de un informe empresarial viene dada por la naturaleza del tema, por las circunstancias y, en especial, por el receptor. La mejor organización es la que favorece el logro de los propósitos de quien lo redacta.»

SÍNTESIS

Acabo con una pequeña guía de preguntas para mejorar la organización de un documento:

Guía para estructurar documentos

1. *¿Los datos están organizados en apartados y subapartados?* Eso facilita leer selectivamente el documento. Un índice con todos los títulos internos permite hacerse una idea global del escrito.
2. *¿El orden de los apartados es lógico?, ¿se adapta a las necesidades del lector?* Si el orden está en concordancia con las necesidades y los conocimientos del lector, es más fácil seguir el documento.
3. *¿Cada apartado tiene un título interno?* Eso permite identificar el tema de cada sección.
4. *¿Son manejables los apartados?, ¿cuántos párrafos tiene cada uno?* Los apartados extensos son más difíciles. Son más claros los breves, de unos pocos párrafos, con título interno. Divide cada apartado largo en dos o más. Haz subapartados de rango menor dentro de un apartado largo.
5. *¿Qué medida tienen los párrafos?* Da preferencia a los párrafos cortos y comedidos, pero deja los largos que estén justificados.
6. *¿Hay varios párrafos de una sola frase?* Los párrafos unioracionales convierten el texto en una lista de ideas. Evítalos.
7. *¿Cada página es diferente de la anterior y la posterior?* Recordamos mejor las páginas individualizadas, que tienen una tabla, un dibujo, un título interno u otra particularidad. Diseña cada página por separado: ¡que cada una tenga personalidad!

Las primeras preguntas quizá son más útiles cuando se empieza a recopilar datos para un documento, pero las últimas potencian la revisión final. Confieso que las preguntas 4, 5 y 7 me han permitido mejorar mucho algunos párrafos y apartados de los borradores de *Afilar el lapicero*.

[a] ¡Qué lata!, ¿no? Ir adelante y atrás buscando la página donde hay esta nota... Las notas al final del capítulo o de documento son poco prácticas para el lector, aunque el editor las prefiera porque se compaginan con más comodidad. Sólo son preferibles cuando hay muchas notas o son muy extensas y se complica su colocación en la página correspondiente (Martínez de Sousa, 1992).

5. TÍTULOS Y PORTADAS

> El título es el primer componente y el más importante. Del mismo modo que miramos rápidamente los titulares del diario –para ver si hay algo de interés–, los científicos leen el índice de una revista. Leyendo el título, deciden si pasan al resumen o a la introducción de un artículo, o si lo abandonan.
>
> ROBERT BARRASS, 1978: 132

PRESENTACIÓN

El título y la portada nos presentan un documento como si fuera la tarjeta personal de un recién llegado, o el traje y el maquillaje de un personaje público. Puesto que es inmensa la cantidad de documentos disponibles pero limitado el tiempo para consultarlos, el título y la portada nos ayudan a elegir los que nos interesan.

Muchos escritos profesionales llevan título: los informes, las memorias, los expedientes, los artículos, las propuestas o las actas. Aquí el título es como la etiqueta de una caja o de una carpeta o el nombre de una persona. Nos referimos a estos documentos por su nombre, que es el título. Los archivamos y recuperamos según el título. ¡Los buscamos en internet por el título! Los motores de busca utilizan el título para navegar, entre otros criterios.

La portada nos da una «cara» o una «imagen» particular de cada documento, cuando trabajamos con varios escritos al mismo tiempo. No sólo es una «funda» blanca para guardar el texto; puede ser una herramienta comunicativa eficaz para informar y convencer. Este capítulo analiza estos elementos pequeños y aparentemente secundarios.

TÍTULOS

Poner títulos no es una tarea tonta, porque nos hace ganar o perder lectores. Si nos equivocamos, perdemos los lectores que habrían podido interesarse por nuestro escrito y que lo han abandonado porque el título les confundió; las bibliotecas archivarán el documento en una sección equivocada. Todavía más: podemos irritar a los lectores que han decidido leer el documento y que no encuentran lo que esperan.

Pese a la importancia de los títulos, muchos redactores les prestan poca atención. En las empresas abundan títulos con expresiones vacías u opacas como *Informe, Informe de gestión, El ejercicio 2003* o *Auditoría Servicios Centrales*. Seguramente corresponden a documentos periódicos y frecuentes, que los lectores conocen bien. Pero tampoco es extraño que los deban consultar otros lectores inexpertos, para los que estos títulos inexpresivos resultan confusos.

El Diccionario de la Real Academia de la Lengua define *título* como «palabra o frase con que se da a conocer el nombre o asunto de una obra o de cada una de las partes o divisiones de un escrito»; y *subtítulo* como «título secundario que se pone a veces bajo el título principal». Así, hay que distinguir el *título absoluto* de una obra (libro, documento, informe), que pasa a ser su denominación, del *título interno* (también llamado *intermedio)* de cada uno de los capítulos, secciones o apartados de que consta, o de los títulos de las tablas, los gráficos o los mapas que se incluyan.

FUNCIONES

Turk y Kirkman (1989) atribuyen dos funciones básicas al *título absoluto:*

1. *Enunciar con precisión el contenido del documento.* Cuando consultamos bibliografías, bases de datos o índices de revistas, el título es el primer y –a menudo– el único dato informativo sobre el documento (aparte del autor, la editorial, etc.). A partir del título decidimos si leemos el texto entero o no. Y si ya tenemos acceso a todo el documento, un título claro e informativo facilita su lectura y orienta la interpretación.
2. *Diferenciar los documentos entre sí.* Cuando trabajamos con varios documentos encima de la mesa, abiertos en páginas interiores, saltando de uno al otro, el título los distingue con facilidad, ya que suele reproducirse en el margen superior de la página, a modo de identificador.

Los *títulos internos* de capítulo, sección o apartado también ejercen estas funciones dentro de su ámbito, además de aparecer en el índice del documento. Pero los autores y los lectores les damos otras utilidades:

Títulos internos

Cuando escribimos:	Cuando leemos:
Ayudan a organizar el pensamiento. Clasifican los datos en categorías y desenmascaran repeticiones, desórdenes y vacíos.	*Ayudan a comprender el significado.* Guían la comprensión del documento; anticipan los contenidos y activan los conocimientos previos.
Exigen síntesis. Discriminan los datos relevantes de los secundarios; enfatizan los puntos esenciales.	*Informan de los datos esenciales.* Indican con pocas palabras los temas tratados.
Consolidan la coherencia del texto. Aseguran la progresión temática; estructuran el contenido en apartados.	*Permiten seleccionar los datos.* Informan al lector selectivo de los apartados que pueden interesarle; ahorran tiempo.
Organizan las páginas. Muestran gráficamente la estructura interna del texto; diferencian cada página del resto.	*Atraen el interés del lector.* Reactivan la lectura; diferencian páginas; introducen variación en la lectura.

En resumen, los títulos internos pasan a ser una estrategia poderosa para estructurar el documento, cuando lo producimos, o para interpretarlo, cuando lo leemos. Organizan el escrito en unidades conceptuales manejables y construyen páginas más atractivas y variadas.

CRITERIOS DE ELABORACIÓN

Las consideraciones que hacen los manuales sobre la redacción de titulares continúan siendo válidas, aunque internet y las ediciones electrónicas han relativizado algunos puntos. Distinguimos la *selección léxica*, la *redacción* y la *presentación* del título:

Selección léxica
1. El título debe incluir las *palabras clave* del asunto: las palabras temáticas, los descriptores documentales, los términos propios de ese campo del saber. Los sistemas informáticos de navegación a través de grandes cantidades de datos usan palabras clave para describir, archivar y recuperar documentos. Estas palabras suelen buscarse en los títulos y en el índice.

    En el siguiente ejemplo, el original de la izquierda incluye *investigación* o *conveniencia*, que difícilmente son las palabras clave que elegiría un hipotético lector para recuperar este documento. En cambio, *evaluación* e *implantación* son más específicos y tienen más posibilidades de ser usados como términos de búsqueda:

Original	Reformulación
Una investigación sobre la conveniencia de usar el programa Lotusnotes	Evaluación de la implantación de Lotusnotes

2. Son preferibles los términos específicos a los más genéricos, en principio:

Original	Reformulación
Ayuda para un procesador de textos	Ayuda para Letter 17.3
Efectos secundarios de drogas inmunosupresoras	Efectos secundarios de la ciclosporina
Análisis de huesos humanos	Análisis de fémures y tibias
Ventas en los mercados internacionales	Exploración y prospectiva de ventas internacionales

Las opciones de la derecha informan más, denominan categorías más restringidas y evitan ambigüedades. En el ejemplo final, el original sólo menciona el tema *(ventas)* mientras que la reformulación especifica el objetivo o la acción realizada *(exploración y prospectiva)*.

Pero el exceso de especificidad puede provocar incomprensión, si el lector ignora los términos usados. Así, *drogas inmunosupresoras* es más transparente y eficaz que *ciclosporina* para los legos. Puesto que la comprensión global es prioritaria a la precisión, el título debe adecuarse primero al grado de conocimientos del lector. La divulgación prefiere títulos más corrientes, pero los artículos especializados recurren a la terminología más técnica.

Pasa igual con las siglas, las abreviaturas y los símbolos específicos de cada disciplina. Si no estamos seguros de que los lectores los conozcan, hay que desplegarlos en el título o usar denominaciones equivalentes no abreviadas.

3. Hay que evitar las palabras casi vacías u obvias como: *Informe sobre, Análisis a nivel de, Algunos problemas*

asociados a, Un estudio de los factores que afectan, Aspectos sobre, Asunto referido a, Memoria sobre. Asimismo, el período *(anual, mensual, general, ordinario)*, las fechas *(enero-marzo, 2005, 1.er semestre)* y el tipo de texto *(auditoría, proyecto, estudio)* pueden especificarse con un subtítulo.

Redacción

1. No hay recomendaciones concluyentes sobre la longitud. Mari Mutt (2006) encontró que los títulos de artículos de biología en varias revistas tenían una extensión media de 14 palabras. Parece que leemos más rápido un título breve, lo recordamos mejor y lo podemos reproducir íntegramente como identificador al margen de cada página. En cambio, un título largo no cabe en una sola línea, hay que cortarlo y también puede crear dificultades para ser reproducido en los índices de las revistas.

2. La presencia abusiva de preposiciones *(de, por, sobre, con)* es un indicio de complementación nominal progresiva y de complejidad. A menudo podemos eliminar algunos nombres:

Original	Reformulación
Informe de evaluación de la actuación de extensión de la electrificación en la riera de Merlès	Evaluación de la electrificación en la riera de Merlès

De los tres sustantivos eliminados *(informe, actuación* y *extensión)* sólo el último aporta un matiz semántico que podría ser relevante en algún contexto: no es igual una *electrificación* que una *extensión de la electrificación.* Pero posiblemente *evaluación de la electrificación* baste para titular bien el documento.

3. Podemos acortar los títulos largos añadiendo un subtítulo debajo, marcado con tipografía inferior:

Original	Reformulación
RESEÑA SOBRE EL SISTEMA DE CÁLCULO DE LOS GASTOS FINANCIEROS	CÁLCULO DE LOS GASTOS FINANCIEROS Reseña sobre el sistema
EJEMPLO DE APLICACIÓN DE LA ALTERNATIVA DE FIJAR EN 5 AÑOS EL PERÍODO PARA IMPUTAR EN LAS OFICINAS EL BENEFICIO EN LA VENTA DE LOS INMUEBLES PROCEDENTES DE REGULACIÓN DE CRÉDITOS	EL PERÍODO PARA IMPUTAR EL BENEFICIO EN LA VENTA DE LOS INMUEBLES PROCEDENTES DE REGULACIÓN DE CRÉDITOS Ejemplo de aplicación en 5 años

4. En nuestra tradición es más corriente la forma nominal de la derecha que la oración completa o el verbo en forma personal de la izquierda –¡aunque no haya razones científicas para rechazarlos!:

Original	Reformulación
Cómo afectan las radiaciones solares a la fibra de vidrio	Efectos potenciales de las radiaciones solares sobre la fibra de vidrio
Los efectos que causan las radiaciones solares sobre la fibra de vidrio	

Presentación

1. Los títulos quedan bastante destacados al ir solos en el centro de la página (título absoluto) o separados en el margen izquierdo (título interno de subapartado). Podemos enfatizarlos agrandando la letra un punto o más, pero conviene evitar las sobrecargas tipográficas:

Original	Reformulación
LA SEGURIDAD DEL SISTEMA *SWAFT*	La seguridad del sistema Swaft

2. Evitemos las abreviaturas, los símbolos y los caracteres que tengan difícil reproducción, como medida preventiva:

Original	Reformulación
cm^3	cm cúbico
E-450 c) (ii)	polifosfato potásico
$CaMgSi_2O_6$	diosida

3. Al partir un título porque no cabe en una sola línea, hay que respetar las unidades sintagmáticas.

Original	Reformulación
El período para imputar el beneficio en la venta de los inmuebles procedentes de la regulación de créditos	El período para imputar el beneficio en la venta de los inmuebles procedentes de la regulación de créditos

En la práctica, los criterios pueden oponerse los unos a los otros. Por ejemplo, si se quiere ser específico será difícil ser conciso. Cuando pase eso, el criterio prioritario es adaptarse mejor a las necesidades del lector y al propósito del documento.

EJEMPLOS

Estos títulos corresponden a informes internos de varios departamentos (auditoría interna, contabilidad, gestión, análisis de empresas) de una misma entidad. Aunque es improbable que sean indexados en una misma lista, su comparación revela los puntos fuertes y débiles de cada uno. Veámoslo:

1. Modificación de tipo de interés en libretas de ahorro. Requisitos formales
2. Informe de gestión
3. Tasaciones efectuadas en el CROCUP para el ejercicio 2006
4. Evolución de la morosidad
5. Análisis de la cadena DGE8FI
6. El ejercicio 2003
7. Captación irregular de nóminas realizada por las gestoras de las empresas: Sras. Gallac, Villa y Trilla, asignadas en las oficinas 123, 456 y 789
8. Informe sobre las líneas de riesgo de tesorería con entidades de crédito
9. Memoria 2006. Auditoría informática
10. Descripción de la operativa realizada por el Sr. Roca como director de la oficina Maldivas – 0123

La mayoría son muy generales: los números 2, 4 y 6 sólo indican el tema. El 2 casi podría actuar como megatítulo del resto, porque las palabras *informe* y *gestión* son temerariamente genéricas. Se puede decir lo mismo del 4: *¿evolución de qué morosidad?, ¿con qué parámetros?, ¿en qué momento?* Quizá los lectores principales conocen al autor y el texto y pueden aportar estos datos, pero conviene recordar que todo se archiva y puede ser leído en otros contextos, cuando quizás los implícitos ya no son recuperables.

Asimismo, el 5 ganaría claridad si se especificase el tipo de análisis: *informático, contable, de calidad.* El 8 especifica el tema, pero descuida el objetivo: ¿es una *valoración contable?, ¿quizás una relación* completa? Es significativo comparar 6 y 9: 9 especifica el género *(memoria)* y lleva un subtítulo explícito.

Podemos acortar los títulos largos. El 7 podría ser *Captación irregular de nóminas,* con el subtítulo *oficinas 123, 456 y 789* y sin apellidos. El 10 mejoraría con *Descripción de la operativa del director de 0706* y el subtítulo *Of. Maldivas.* También podemos eliminar palabras vacías como *ejercicio* (3 y 6) o *informe sobre* (8).

Quizá los títulos más acertados son el 1 y el 3, que especifican las acciones *(modificación, tasación),* aunque no lleven ni lugar ni fecha –¡y es que es muy fácil criticar un título sin conocer el escrito ni el contexto!

El subtítulo de este libro es otro ejemplo. Primero era *Manual de redacción especializada,* pero mis colegas sugirieron que *manual* aportaba las connotaciones indeseables de «técnico» o «pesado», y que *especializada* era poco claro. Entonces propuse *Guía de redacción profesional,* que tampoco solucionaba el segundo problema: ¿cuál es la redacción profesional? Finalmente surgió *Guía de redacción para profesionales.* Fueron semanas de reflexión.

Portada

La *portada* incluye los datos que permiten identificar un documento: título, autor, editorial o empresa, fecha, etc. No se debe confundir con la *tapa* o *cubierta* anterior, que es sólo un revestimiento de cartulina, cuero o cualquier otro material que encuaderna un escrito. Tampoco hay que confundir las portadas de libros, discos y otros productos comerciales, que suelen ser atractivas –pero que llevan poca información–, con las portadas de los escritos profesionales, más especializadas y caseras.

Muchos documentos profesionales suelen tener portadas vacías como la de la izquierda:

Original	Reformulación
ANAGRAMA ENTIDAD Auditoría interna AUDITORÍA INTERNA INFORME NÚM. 223 FECHA: 25 de junio de 2006 FALLO EN LA INSTALACIÓN DE LA VERSIÓN P.A.N.: PAN OFICINAS VERSIÓN 11.10 FECHA 30-04-03	ANAGRAMA ENTIDAD Auditoría interna FALLO EN LA INSTALACIÓN DE LA VERSIÓN P.A.N. PAN OFICINAS VERSIÓN 11.10 FECHA 30-04-03 Resumen El pasado día 30/04/03, la activación de la versión 11.10 de la PAN de oficinas dejó fuera de servicio los cajeros automáticos llamados P S"B" de 143 oficinas en un día crítico (viernes y fin de mes). En determinados casos, la avería afectó también a otros terminales de la oficina. Como causas últimas de este hecho señalamos: la insuficiencia de los tests de público previos a la puesta en servicio del nuevo proceso informático, la no-atención a los resultados no satisfactorios de los tests realizados y la precipitación en la decisión de activar la nueva versión en una fecha crítica. Auditoría considera desafortunada esta actuación y recomienda sopesar las decisiones de puesta en servicio de nuevos productos informáticos desde un punto de equilibrio entre el desempeño de los plazos prefijados y las garantías de calidad que ofrece el nuevo producto. ÍNDICE 1. Introducción p. 1 2. Hechos detectados 2 3. Conclusiones de Auditoría 4 4. Recomendaciones de Auditoría 4 DISTRIBUCIÓN 4321 O.S. Sra. Joana Cubí Información y efectos 8765 P. Sr. Enric Saumell Información y efectos 07/05/2006 – INFORME NÚM. 223 p. 1

¡Qué diferencia! En la portada izquierda sólo aparece el título, el autor *(auditoría interna,* 2 veces), la fecha y el número de archivo. En cambio, en la derecha, hay un resumen, el índice y la distribución o lista de destinatarios; se trata de una *portada informativa.* Varios manuales proponen este tipo de portadas para los documentos profesionales, por estos motivos:

- Permiten hacerse una idea completa del documento con una ojeada, sin tener que ir al interior.
- Integran elementos con funciones específicas: el resumen sintetiza los datos más relevantes, el índice permite localizar dónde está cada dato y la distribución ofrece la lista de lectores que acceden al escrito.
- Permiten identificar los escritos y distinguirlos entre sí con más facilidad que las portadas desnudas, como la de la izquierda, en que sólo varía el título, la fecha y el número de documento.
- Pueden combinarse con unas tapas o cubiertas más austeras –y transparentes– que protejan físicamente al documento y que lo presenten con elegancia.

En definitiva, las portadas informativas ahorran tiempo al lector y facilitan la tarea de leer y trabajar el escrito. Pero la reformulación de la derecha aún es perfectible. Podríamos suprimir las rayas horizontales y mejorar el título: convertir la segunda parte en un subtítulo, eliminar palabras innecesarias como *la instalación* y *fecha* y ponerlo en minúsculas. A pie de página, no es preciso poner *INFORME NÚM.;* es suficiente con la cifra. Del índice y del resumen hablaré a continuación.

6. ÍNDICES

> El índice es particularmente relevante en los documentos técnicos y científicos porque ahorra tiempo; simplifica la búsqueda de datos. Haciendo accesibles los datos importantes, un buen índice hace la lectura más eficaz.
>
> PHILIP RUBENS, ED., 1992: 283

PRESENTACIÓN

El *índice* (o *tabla del contenido*) es la lista ordenada de los temas que trata un documento. El más corriente agrupa los títulos internos y puede ser general, si alcanza todo el volumen, o parcial, si sólo incluye una parte. También hay índices más específicos: los *analíticos*, que indexan las materias o las palabras clave; los *onomásticos*, que indexan nombres propios o referencias bibliográficas, o los de *ilustraciones, gráficos, fotografías, tablas*, etc.

El índice es una herramienta de trabajo para todos los usuarios de un documento. El autor lo usa para ordenar las ideas y planificar su escrito. Para el lector es una guía para leer mejor. En los últimos años, el incremento de la cantidad y la complejidad de los escritos ha multiplicado el uso de índices como brújula para *navegar* entre tanta información.

En internet, las barras de vínculos y las ventanas desplegables de menús y submenús son diferentes formas de *índice electrónico*. Todos hemos experimentado los efectos que provocan. Si están bien hechos, encuentras inmediatamente lo que buscas; pero si están mal hechos, pierdes el tiempo y los nervios... ¡sin conseguir lo deseado!

Todos los manuales de redacción técnica tratan de los índices. Por ejemplo, Rubens (1992) dedica 25 páginas de 513 a las funciones que desempeñan y las técnicas para confeccionarlos o, incluso, las cualidades que debe tener «un buen indexador». Aquí sólo trataremos los índices más convencionales.

FUNCIONES

Para el lector, el índice permite:

1. Hacerse una idea global del texto en pocos segundos, en un primer contacto, antes de empezar a leer. Es como consultar un mapa o un plano antes de pisar el terreno. Los índices permiten verificar que es correcta la interpretación que habíamos hecho del título absoluto de un escrito: que se tratan los temas previstos. Es como hojear el escrito sin cambiar de página.
2. Entender la organización jerárquica del documento desde el principio. Los índices permiten ver cuáles son los puntos que destacan, los capítulos más relevantes, qué conexión hay entre ellos o qué enfoque adoptan.
3. Buscar y encontrar datos específicos. Cuando sólo se quiere consultar algún dato, el índice permite localizarlo con rapidez, sin tener que hojear adelante y atrás.

Así, el índice ejerce funciones diferentes según los objetivos de la lectura y el momento en que se consulte.

UTILIZACIÓN

A veces se considera que sólo deben llevar índice los escritos extensos, a partir de 10 o 15 páginas. No es cierto. Actuando así descuidamos las utilidades anteriores y las necesidades del lector. Lo lógico es que un escrito tenga índice cuando haga falta, cuando pueda desarrollar alguna de las funciones anteriores o, dicho a la inversa, cuando el lector, y también el autor, lo necesiten.

Así, un informe de 20 páginas con una estructura narrativa simple y conocida, que no debamos releer por partes, puede prescindir de índice. Pero unas instrucciones complejas de 5 hojas, con varios niveles jerárquicos, que vamos a consultar a menudo, vale la pena que lleve un índice minucioso.

El índice no debe ocupar forzosamente una página completa: puede ser reducido y sin paginación y ubicarse en la parte superior de la primera página. También puede ocupar sólo un ángulo de página. Sería absurdo que, de las cinco páginas de un escrito, una estuviera dedicada al índice.

Al contrario, los textos complejos pueden incluir varios índices: uno general al inicio, con los títulos internos superiores, que remita a índices parciales al principio de cada capítulo, que desplieguen los títulos internos de los subapartados inferiores. Así es como se organizan los manuales extensos y complejos, como si fueran ventanas sucesivas de una web.

Criterios de elaboración

Para cuestiones sobre la redacción, consulta el capítulo anterior sobre los títulos. Acerca de la estructura:

1. *Grado de especificación.* El grado de especificación del índice depende de las funciones que ejerza, de las necesidades del lector y de la estructura del documento. Si sólo hace falta dar una idea global, basta incluir los títulos internos superiores e indicar gráficamente su jerarquía. Si hace falta localizar datos específicos, será necesario aña-

dir los títulos internos inferiores. Un índice minucioso puede ser manejable, si está bien presentado. Por ejemplo, compara estos dos ejemplos, que pertenecen a un mismo escrito (adaptado de Turk y Kirkman, 1989):

ÍNDICE

CONTENIDO	PÁG. NÚM.
1. INTRODUCCIÓN	1
2. MÉTODO	3
3. RESULTADOS	12
4. RECOMENDACIONES	26
5. REFERENCIAS	35
6. ANEXOS	36

ÍNDICE

1. Objetivos y necesidades de la investigación   1
2. Método utilizado   3
    2.1. Selección de la muestra   3
    2.2. Cuestionario y entrevista   5
    2.3. Tratamiento estadístico   9
3. Análisis de los resultados   12
    3.1. Imagen global de la empresa   12
    3.2. El trato con las oficinas   15
    3.3. Fuentes de la información   17
    3.4.1. Necesidades de los clientes reales   19
    3.4.2. Sectores de clientes potenciales   22
    3.5. Comentarios especiales   24
4. Acciones a emprender   26
    4.1. Mantenimiento de la oferta actual   26
    4.2. Campañas de información   30
    4.3. Atención personalizada   33
5. Referencias   35
Anexo 1. Cuestionarios   36
Anexo 2. Resultados absolutos   41

El de la izquierda ejemplifica varios defectos corrientes de los índices amateurs. Sólo incluye títulos internos de primer nivel *(introducción, anexos, referencias),* que son muy tópicos. El tratamiento gráfico es pobre, con unas mayúsculas gratuitas e indicadores obvios de *Contenido* y de *Pág. núm.,* subrayados y con negrita, más visibles que el propio título de *Índice*. Además, al ser breve, queda colgado en la parte superior de una página en blanco. Es tan rutinario que podría pertenecer a muchos documentos.

En cambio, el de la derecha es un buen modelo de índice informativo y funcional. Incluye títulos internos de niveles inferiores, marcados jerárquicamente. La selección léxica de los títulos es acertada y la ti-

pografía juega con diferentes tamaños de letra, sangrados e indexación decimal.
2. *Tamaño y presentación*. Los índices extensos que ocupan varias páginas incomodan porque obligan a ir adelante y atrás y a memorizar los números de página. Recordemos que la página es una unidad visual y que los índices no se leen linealmente de izquierda a derecha ni de arriba abajo: nuestro ojo salta de un punto al otro, en todas direcciones, según el propósito. Por eso es conveniente que el índice ocupe sólo una página –o dos consecutivas, si se trata de un libro. Debemos tener a la vista el índice completo. Si es necesario, podemos descomponer un índice muy extenso en varios índices parciales de capítulo o sección.
3. *Posición*. ¿El índice va al inicio o al final del documento? Es una vieja controversia editorial. La tradición tipográfica anglosajona suele mantener el índice al inicio, mientras que en la latina (y la española o francesa) se pone al final. Así, los libros presentan el índice según la cultura a la que pertenecen y los lectores nos extraviamos buscando el índice al principio y al final...

En la documentación profesional, sólo los índices temáticos suelen ir al final. El general va siempre al inicio, como guía que es del documento.

EJEMPLO

Este ejemplo de las páginas siguientes corresponde a un informe periódico de resultados de una entidad financiera. Muestra los aciertos y los errores típicos de muchos índices «aficionados» (he eliminado la paginación):

> **Original**
>
> ÍNDICE
>
> INFORME SOBRE LA ACTIVIDAD, RESULTADOS Y SITUACIÓN PATRIMONIAL
> **MARCO ECONÓMICO-FINANCIERO**
> MARCO ECONÓMICO
> POLÍTICA MONETARIA
> **ACTIVIDAD DEL BANCO DE VIC, BALANCE DE LA ENTIDAD**
> COMENTARIOS SOBRE LA EVOLUCIÓN DE LOS ACREEDORES
> COMENTARIOS SOBRE LA EVOLUCIÓN DE LA INV. CREDITICIA
> COMENTARIOS SOBRE LA EVOL. DEL RESTO DEL BALANCE
> FONDO ESPECIAL
> BALANCE PÚBLICO
> VARIACIONES DEL BALANCE
> **CUENTA DE EXPLOTACIÓN**
> COMENTARIO DE LA EVOLUCIÓN DEL RESULTADO
> CUENTA DE EXPLOTACIÓN RESUMIDA, SALDOS 1 % S7ATM
> C. EXPLOTACIÓN. COMPARACIÓN CON EL AÑO ANTERIOR
> C. EXPLOTACIÓN. COMPARACIÓN CON EL PRESUPUESTO
> DESGLOSES DE LA CUENTA DE EXPLOTACIÓN
> **SITUACIÓN DE LOS RECURSOS PROPIOS**
> COMENTARIO DE LA EVOLUCIÓN DE LOS RECURSOS PROPIOS
> SITUACIÓN DE LOS RECURSOS PROPIOS A 30-6-06
> **MEDIOS**
> EVOLUCIÓN DE LOS RECURSOS HUMANOS
> DINÁMICA DE OFICINAS
> SISTEMAS DE AUTOSERVICIO
> **PROGRAMACIÓN COMERCIAL**
> DETALLE DE LAS CAMPAÑAS REALIZADAS

La reformulación de la página siguiente:

- Elimina algunas palabras vacías *(comentarios sobre la evolución)*, las abreviaturas *(inv., evol.)* y las repeticiones *(comentarios, c. explotación)*.
- Marca la jerarquía con puntos y entradillas. Así, la reformulación de la *Cuenta de explotación* muestra los dos subapartados y su interrelación.
- Elimina el uso sistemático de la mayúscula o caja alta, que carga la página. Leemos la minúscula más fácilmente que la mayúscula porque es más frecuente (Per-

> ### Reformulación
> ACTIVIDAD, RESULTADOS Y SITUACIÓN PATRIMONIAL
> **Banco de Préstamo**, 2006
> Índice
>
> Marco económico y financiero
> - Contexto económico
> - Política monetaria
>
> Evolución de la actividad y balance
> - Acreedores
> - Inversión crediticia
> - Fondo especial
> - Balance público
> - Variaciones del balance
>
> Cuenta de explotación
> - Resultado
> - Resumen con saldos 1 % S7ATM21
> - Comparaciones:
>   - Con 2005
>   - Con el presupuesto
> - Desgloses
>
> Recursos propios
> - Evolución
> - Situación a 30-6-2006
>
> Medios
> - Recursos humanos
> - Dinámica de oficinas
> - Sistemas de autoservicio
>
> Programación comercial
> - Relación de campañas realizadas

fect, 1994); además, la mayúscula rellena más la línea y reduce el interlineado. La reformulación también elimina las negritas gratuitas.

Ni el original ni la reformulación utilizan numeración decimal. Ésta sólo es útil para hacer referencias internas de un apartado a otro, en el cuerpo del documento. En resumen, la reformulación logra un índice más legible y útil. El ojo del lector puede leer los epígrafes con más facilidad y rapidez, tanto si quiere formarse una idea global del documento como si quiere encontrar un dato específico.

7. RESÚMENES

> Pensamos que los resúmenes sólo sirven para evitar leer el escrito entero, que son reducciones matemáticas del texto completo o que sólo se pueden hacer de una manera. ¡Falso!

PRESENTACIÓN

El *resumen* es una sinopsis abreviada del contenido de un documento. También se denomina *sumario* o *compendio* (*abstract* en inglés –¡y también en español!, a veces–). Su naturaleza discursiva permite superar la enunciación fría, desnuda y breve de títulos e índices. El resumen matiza, enfatiza y comenta los datos principales; muestra el enfoque con que se aborda el tema enunciado en el título, el punto de vista que adopta el autor, la amplitud que tiene el documento o, incluso, el tono y el estilo.

Muchas publicaciones periódicas exigen que un resumen encabece los artículos. Para presentar una comunicación o un póster en un evento científico, también hace falta entregar con antelación un resumen de la intervención, a fin de que el comité científico decida si la acepta o no. En el ámbito científico son frecuentes las compilaciones de resúmenes de una determinada disciplina, que permiten al especialista hacerse una idea de lo que se ha publicado sobre una cuestión. En todos estos contextos, el resumen resulta una herramienta esencial.

Fuera de la investigación, el resumen no es tan general. En las empresas e instituciones públicas es raro encontrar resúmenes al inicio de memorias, auditorías, informes o propuestas. No hay tradición, los autores no tienen tiempo de hacerlos y quizá tampoco saben cómo hacerlo. Pero está claro que los lectores de documentos profesionales andan tan ocupados como los científicos y que agradecerían que se incluyera este eficaz instrumento.

En una ocasión, entrevisté al directivo de una entidad financiera para que me explicase qué dificultades tenía para comprender los informes y los estados de cuentas de sus técnicos. Dijo: «Me ocupa demasiadas horas; no tengo tiempo de leerlos; sería necesario que cada uno llevase un pequeño *abstract*, como los artículos científicos.»

FUNCIONES

El resumen puede ejercer cuatro funciones según el contexto:

1. Para el lector que se aproxima por primera vez a un documento y quiere decidir si lo lee o no, el resumen amplía la información del título y ayuda a decidir.
2. Para el lector que no leerá el documento entero, por falta de tiempo, interés o conocimientos, el resumen sintetiza los datos principales que pueden satisfacer sus necesidades.
3. Para el lector que lee con atención o que relee, el resumen resalta lo que el autor considera importante y, por lo tanto, orienta la interpretación. Por ejemplo, discrimina los datos relevantes de los secundarios o identifica los elementos más significativos para poder releerlos.
4. Para quienes ya han leído un escrito, recientemente o no, el resumen refresca la memoria: permite recupe-

rar el recuerdo de la lectura del documento, igual que la sinopsis de una película nos permite saber si ya la hemos visto o no, cuando el título no nos lo aclara.

Entonces, ¿qué documentos deben llevar resumen? Pues los que puedan requerir alguna de estas cuatro funciones. En cambio, es absurdo creer que los escritos extensos llevan resumen y los breves, no. Algunos documentos prolijos, como un manual de procedimiento o un reglamento interno, nunca llevan resumen, puesto que debe consultarse siempre el documento completo. Al contrario, un informe breve pero complejo puede utilizar el resumen para destacar resultados y aclarar su estructura.

ESCOLAR Y PROFESIONAL

El conocido ejercicio escolar de *reducir* textos no siempre ha sabido transmitir concepciones realistas sobre el resumen. Conviene marcar las diferencias entre este ejercicio escolar y la práctica profesional. Veamos las diferencias:

Ejercicio escolar	Práctica profesional
El lector es siempre el docente, con la intención de evaluar las capacidades del aprendiz.	Es un lector real, heterogéneo y variado. Lee comprensivamente para buscar datos y tomar decisiones.
Tiene una extensión fija, no varía: 200 o 300 palabras, un 20% del original.	No tiene medidas ni límites fijos. Se adapta a cada situación, según el original y las necesidades del lector.
Calca y reduce la estructura del original.	Genera una estructura nueva, distinta a la del original.
Usa criterios *textuales* para seleccionar datos (posiciones importantes del texto). Escoge lo más relevante de todos los apartados, los cuales quedan representados equitativamente.	Selecciona los datos según criterios *contextuales* (utilidad, interés para el lector). Pone énfasis en los resultados, las conclusiones y las recomendaciones.

En definitiva, hay que olvidarse de los criterios aprendidos en la escuela y entender el resumen como un instrumento comunicativo que sirve a los intereses de los autores y de los lectores.

INFORMATIVOS Y DESCRIPTIVOS

El documentalismo distingue varios tipos de resumen según la autoría, la estructura, la extensión u otros criterios (Pinto Molina, 1992). Aquí sólo presentaré los dos más frecuentes: el *informativo* y el *descriptivo* (o *indicativo*, según la terminología). Aprovecho un viejo artículo mío (Cassany, 1990):

Resumen informativo	Resumen descriptivo
Hay básicamente cuatro enfoques metodológicos para enseñar la expresión escrita, que habría que combinar entre sí en una clase de lengua. El primero, basado en la *gramática*, nace de la tradición de estudios gramaticales sobre la oración (ortografía, morfosintaxis, léxico) y tiene el objetivo de enseñar la manera correcta de escribir (la normativa) con explicaciones teóricas sobre las diversas unidades lingüísticas y con ejercicios prescriptivos sobre palabras o frases. Es el más difundido y seguido en España. El *funcional* o *estructural* se fundamenta en los planteamientos modernos de enseñanza de segundas lenguas y en la lingüística del texto. Pretende enseñar los tipos de texto más importantes que deberá escribir el aprendiz en su vida cotidiana (cartas, exáme-	Este artículo se propone esbozar los cuatro enfoques metodológicos con que podemos enseñar la expresión escrita. Seguimos el esquema de cuatro líneas establecido por Shih (1986) para la enseñanza del inglés como segunda lengua. Nuestro trabajo desarrolla notablemente esta clasificación, explicando los principios teóricos de cada planteamiento y su práctica concreta en el aula. De esta manera, la descripción de los enfoques es válida para cualquier nivel de enseñanza, sin distinción de si se trata de una L1 o L2. Los cuatro enfoques son: • el basado en la GRAMÁTICA • el basado en las FUNCIONES • el basado en el PROCESO • el basado en el CONTENIDO Para cada enfoque se expone:

nes, instancias, resúmenes). Utiliza ejercicios textuales más globales, abiertos y variados. Es de procedencia anglosajona, pero podemos encontrar algunas propuestas en español.

El enfoque *procesual* nació en Estados Unidos en los setenta, en el ámbito de la enseñanza de la expresión escrita en secundaria y en la universidad, a partir de las investigaciones lingüísticas y psicopedagógicas sobre el proceso de composición. Se plantea enseñar las principales estrategias cognitivas que se necesitan para componer un texto. Incluye prácticas más creativas e individualizadas, basadas en la introspección y en el desarrollo personal.

Para finalizar, el enfoque basado en el *contenido* (Estados Unidos, 1980) pone énfasis en la función epistémica de la escritura. Sostiene que, cuando el autor se concentra en la construcción del significado, la forma se consolida paralelamente y que, así, se aprende a escribir de manera más natural. Se usa en la enseñanza de redacciones específicas (técnica, científica, etc.) en contextos universitarios. [*268 palabras*]

1) *Origen e influencias*. ¿Cómo nace cada enfoque? ¿En qué contexto se ha desarrollado? ¿Qué relaciones tiene con disciplinas como la lingüística, la psicología o la pedagogía?

2) *Características generales*. ¿Cuáles son sus rasgos esenciales? ¿En qué se diferencia de los otros enfoques, sobre todo de los anteriores? ¿En qué modelo o teoría lingüística se fundamenta?

3) *Currículo o programación de curso*. ¿Qué objetivos y contenidos enseña? ¿Cómo se estructuran? ¿Qué modelos lingüísticos ofrece?

4) *Práctica y ejercicios de clase*. ¿Cómo funciona una clase? ¿Qué tipo de ejercicios se realizan? ¿Qué y cómo se corrige?

5) *Ejemplo contrastado*. Un ejercicio sobre el mismo ítem lingüístico, según cada enfoque.

6) *Bibliografía*. Algunas referencias orientadoras y necesariamente incompletas. [*229 palabras*]

¿Cuál es mejor? Depende... ¿Por qué? Al lector que debe decidir si quiere leer el artículo o no, que sólo quiere hacerse una idea global o que ya lo ha leído y quiere recordar de qué trataba, le conviene más el resumen informativo de la izquierda. Incluye más información y se comporta como un texto periodístico. Ni el autor ni el documento aparecen explícitamente en la prosa: los sujetos gramaticales de la mayoría de frases son los cuatro enfoques del artículo: el *enfoque* procesual *nació en Estados Unidos, se plantea enseñar las principales, incluye prácticas más creativas...*

En cambio, el lector que empieza a leer el documento, el que lee el detalle o el que sólo quiere hacer consultas esporádicas, prefiere el resumen descriptivo de la derecha, que se centra en la estructura del documento. La descripción se refiere necesariamente al documento y al autor, con un lenguaje organizativo más redundante, que tiene menos densidad informativa. Muchas frases tienen como sujeto gramatical al autor *(seguimos, nuestro trabajo,* plural de cortesía) o el mismo documento (el *presente artículo se propone).*

Los resúmenes descriptivos son recomendables en textos extensos o complejos, que requieran explicaciones previas. Los informativos son más útiles para realizar las funciones convencionales del resumen: dar un avance de los datos, destacar lo que es importante. Pero también se pueden utilizar los dos resúmenes al mismo tiempo: el informativo para guiar al lector sobre el contenido, antes y después de la lectura, y el descriptivo para guiarlo durante la lectura.

Criterios de elaboración

Turk y Kirkman (1989) proponen estas orientaciones:

1. Hay que hacer énfasis en la información nueva, en aquello que puede interesar al lector: resultados, conclusiones, recomendaciones y consecuencias. Esta parte puede ocupar la mitad del resumen.
2. Las referencias a la teoría, a los antecedentes o a la metodología deberían ocupar sólo unas pocas frases.
3. La estructura del resumen debe seguir también criterios pragmáticos, ordenando los datos según las necesidades del lector: primero lo más relevante y después lo secundario. No es preciso reproducir la estructura del original ni ningún pretendido orden «lógico» de los hechos. Comparemos estos dos esquemas de resumen:

Para informes de análisis. Ejemplos: *valoraciones, auditorías, estudios, protocolos de observación científica*, etc.
1. Una o dos frases de antecedentes y circunstancias.
2. Una o dos frases para el método y los resultados encontrados.
3. La mitad del resumen para las conclusiones más relevantes.

Para proyectos de acción. Ejemplos: *propuestas de actividades futuras, estudios de viabilidad, estudios de mercado*, etc.
1. Recomendaciones que hay que seguir.
2. Razones que las justifican.
3. Situación, circunstancias y antecedentes.

4. Los resúmenes pueden incluir cifras, números y especificaciones de todo tipo, porque transmiten datos objetivos y precisos que no se pueden vehicular de ninguna otra manera. La tradición de no utilizar cifras en los resúmenes de artículos científicos carece de fundamento y no responde a las necesidades (Barrass, 1978).
5. El resumen se sitúa siempre en las primeras páginas del documento, como un indicador inicial. Puede figurar en la portada, bajo el título o en la segunda hoja, antes del inicio del texto.

¿CÓMO SE HACEN?

El resumen se escribe al final. Todos los manuales coinciden en que se debe elaborar habiendo terminado el escrito, porque se puede valorar mejor qué debe contener y cómo debe presentarse. El método varía en cada caso, según las características del texto original y de la situación. La investigación sobre las estrategias de resumen demuestra que varían para cada tipo de texto; es decir, que resumir un cuento, una carta o una tesis requieren el uso de estrategias cognitivas y recursos lingüísticos diferentes, relacionados con la narración, la exposición o la argumentación, respectivamente (Ramspott, 1995).

No obstante, Hawes y Harkins (1968) proponen esta pauta general:

<u>Guía para escribir resúmenes</u>
1. Haz una lista de los puntos importantes que expone el original.
2. Elige entre 4 y 6, que sean los más importantes de entre los importantes.
3. Escribe una o dos frases para cada uno.
4. Finaliza con una o dos conclusiones generales.
5. Añade una frase mencionando los complementos (esquemas, estadística, cuadros, fotos).
6. Regresa al principio y escribe una o dos frases iniciales que presenten el contexto, el objetivo y la significación del original.

EJEMPLO

Este ejemplo proviene de una auditoría interna que ya he presentado antes (p. 77):

<u>Resumen</u>
El ~~pasado día~~ 30/04/05, la activación de la versión 11.10 de la PAN de oficinas dejó fuera de servicio los cajeros automáticos ~~llamados~~ PSB de 143 oficinas en un día crítico (viernes y fin de mes). En determinados casos, la avería afectaba también a otras terminales ~~de la oficina~~.

Como causas ~~últimas~~ de este hecho señalamos: la insuficiencia de los tests de público previos durante la puesta en servicio del nuevo proceso informático, la no-atención a los resultados no satisfactorios de los tests realizados y la precipitación en la decisión de activar la nueva versión en una fecha crítica.

Auditoría considera desafortunada esta actuación y recomienda sopesar las decisiones de puesta en servicio de nuevos productos informáticos, desde un punto de equilibrio entre el desempeño de los plazos prefijados y las garantías de calidad que ofrezca el nuevo producto.

Es un resumen informativo que sigue metódicamente el esquema propuesto en el apartado anterior para documentos de análisis. El primer párrafo menciona los antecedentes que han motivado el informe; el segundo esboza las conclusiones y el último presenta las recomendaciones. Tiene un estilo claro y directo, con un vocabulario sencillo, que favorece la lectura. Se pueden mejorar algunos aspectos gramaticales:

- La doble negación *la no-atención a los resultados no satisfactorios* es forzada. Se podría sustituir por *la falta de atención a los resultados insatisfactorios*.
- En el párrafo final, *esta actuación* tiene un referente confuso: ¿se refiere a la *activación de la versión 11.10?*, ¿a la insuficiencia de los tests?, ¿a la no atención de los resultados?, ¿a la precipitación en la decisión?, ¿a todos éstos? Sería mejor especificarlo.
- Hay algunas palabras vacías que he tachado en el original.

Una última prueba de la importancia que están adquiriendo los resúmenes hoy día es que algunos procesadores de textos incorporan herramientas automáticas para elaborarlos. ¿Las has probado? No salen perfectos. Tienes que revisar a fondo el resultado, ¡pero te ahorras mucho trabajo!

8. PROSA

> Muchos redactores creen que las frases largas son inevitables para explicar detalles complejos. Es un error. Cualquier tema puede descomponerse en datos más o menos largos o cortos, según sea necesario. Lo determinante es cuántos datos puede comprender el lector confortablemente, y no cuántos deben ir juntos «por lógica».
>
> CRISTOPHER TURK
> y JOHN KIRKMAN, 1989: 94

PRESENTACIÓN

La prosa caracteriza las comunicaciones profesionales como ningún otro aspecto. Suele ser más especializada: tiene oraciones más largas; reduce las formas verbales a la 3.ª persona del presente; prefiere el estilo nominal al verbal; afirma –y no pregunta, exclama o niega–; expande los grupos nominales con complementos, participios y adjetivos. Muchas personas creen que es *normal* o *inevitable* que sea así, puesto que se trata de mensajes complejos.

Pero no está tan claro. La investigación sobre las dificultades de comprensión de los escritos administrativos y judiciales muestra que la sintaxis compleja es uno de los principales obstáculos (Canadian Law Information Council, 1986). Muchos lectores no superan los problemas que presentan las frases de 5 o 6 líneas, los paréntesis largos o los gerundios encadenados. En este capítulo y en el siguiente estudiaremos algunos de los aspectos de la prosa especializada.

Extensión

Es cierto que la prosa especializada tiene oraciones más largas, pero los manuales recomiendan brevedad. La extensión media de la oración del francés técnico-científico es de 28,6 palabras; la del inglés, 29 palabras, y la del ruso, 28,5 (Kocourek, 1991). Pero eso no es ni irreversible ni deseable. Como en la cita que encabeza este capítulo, Shelton (1994: 10) sostiene que «usted se está equivocando si cree que porque sus lectores tienen un nivel alto de conocimientos especializados preferirán frases largas. No es así».

Asimismo, Davis (1976) y Bram (1978) demuestran que los lectores técnico-científicos valoran más los escritos con oraciones cortas y simples. Para ellos la longitud de la frase tiene efectos indirectos en la opinión que los lectores se forman del contenido de un escrito y de su autor. Tendemos a creer que los textos con frases más cortas exponen datos más fundamentados o que su autor tiene más conocimientos, porque los entendemos mejor y más rápido.

El cuadro de las páginas 100 y 101 recoge otras opiniones y consejos, extraídos de varios manuales.

Causas de la dificultad

La causa fundamental de que las oraciones largas obstaculicen la comprensión es que los lectores tenemos poca *memoria de trabajo:* recordamos sólo en torno a las 15 unidades o palabras. Utilizamos esta memoria para retener lo necesario para procesar una oración: un sujeto que concuerda con un verbo, el referente de un pronombre o de una elisión, etc. Compara:

    1a La *memoria a corto plazo*, también llamada *memoria activa* o *primaria* –y a veces *memoria de trabajo*, aunque esta última denominación reformula más recientemente el concepto previo, al incorporar la noción de manipulación activa de la información, por oposición al almacenamiento pasivo de datos–, es el tipo de memoria que guarda unos pocos datos durante algunos segundos. [*57 palabras*]

1b La *memoria a corto plazo* es el tipo de memoria que guarda unos pocos datos durante algunos segundos. También se denomina *memoria activa* o *primaria*. Más recientemente, algunos autores prefieren referirse a la *memoria de trabajo*, para destacar la noción de manipulación activa de la información; esta noción se opondría a la de almacenamiento pasivo de datos. [*57 palabras*]

¿Has podido comprender 1a con una sola lectura? ¡Te has extraviado en los incisos! Seguramente éstos han desbordado tu memoria de trabajo y te han obligado a releer el fragmento. No pasa nada si esto ocurre de vez en cuando..., ¿pero qué pasa cuando cada frase es como 1a?, ¿cuando hay que releerlo todo varias veces? Comprender se convierte en un suplicio. Las posibilidades de que el lector nos abandone se incrementan.

Eagleson (1990) y Kirkman (1992) identifican los factores que favorecen las oraciones largas:

1. Poner juntas en una sola oración varias ideas, ya sea coordinándolas con conjunciones o insertándolas con construcciones subordinadas.
2. Poner en una sola frase varias subordinadas encadenadas, una tras otra e, incluso, subsubordinadas [*sic*].
3. Añadir un número excesivo de calificativos y modificadores a una idea simple.
4. Llenar la oración de notas y matizaciones entre paréntesis o guiones.

Extensión de la frase especializada

Autor	Extensión	Ámbito
Barrass (1978)	Las oraciones largas pueden indicar que el autor no ha recapacitado bastante sobre lo que quiere decir. Hay que revisarlas y adaptar la extensión a las necesidades del autor. Se pueden usar los promedios de legibilidad de Flesch (1962): fácil de leer (–10 palabras por oración), difícil (+20), muy difícil (30).	Científico: ingenieros, técnico-científicos y estudiantes. Textos: informes técnicos, tesis, artículos.
Wydick (1994)	Las oraciones largas dificultan la comprensión de los documentos legales. Recomendaciones: cada frase debe tratar sólo una idea; el promedio de su extensión debe ser inferior a 25 palabras.	Jurídico: abogados, jueces, estudiantes. Textos: leyes, sentencias, escritos legales.
Fletcher y Gowing (1988)	Norma general: el número total de palabras de 4 oraciones seguidas debe oscilar entre 100 y 200. Para lectores menos formados, son mejores las frases más cortas. Para el público en general, las 4 frases seguidas no deberían superar las 150 palabras. Hay que variar la extensión de la frase.	Empresa. Textos: informes, actas, memorias, cartas, documentación interna.
Turk y Kirkman (1989)	Las oraciones muy largas superan la capacidad de la memoria a corto plazo que necesitamos para leer y dificultan la comprensión. Pero los escritos con frases cortas y puntos y seguido constantes son monótonos y pueden *fastidiar* a los lectores. Es mejor adoptar un criterio flexible y evitar las oraciones desmesuradamente largas.	Empresa, ciencia e ingeniería. Textos técnicos, científicos, comerciales y económicos.

Extensión de la frase especializada

Autor	Extensión	Ámbito
Eagleson (1990)	Los lectores pueden entender las oraciones largas con tiempo, paciencia y esfuerzos, pero como la responsabilidad de hacerse entender es del autor –¡y no del lector!–, conviene acortarlas en unidades más digeribles, sin caer en los excesos de las frases telegráficas.	Administración pública. Manual de inglés sencillo editado por el gobierno australiano.
Berrou (1992)	Las oraciones largas –que llama *eternas*– provocan incomprensión y generan ambigüedad. Da un ejemplo original de más de 75 palabras y lo reformula en frases de menos de 15.	Empresa. Textos: cartas, informes, memorias, currículos.
Shelton (1994)	El problema no es una oración larga, sino un escrito en el que todas las oraciones sean largas. El lector debe hacer un sobreesfuerzo para comprenderlo y acaba cansándose. Las frases de 20-30 palabras empiezan a presentar dificultades de comprensión con una lectura, y las de más de 30 ya requieren 2 o más lecturas.	Escritos técnicos. Textos: memorias, cartas, informes técnicos, documentos.

Está claro que utilizamos estos recursos para lograr determinados efectos expresivos. Los números 1 y 2 son útiles para presentar ideas o elementos que están estrechamente relacionados; 3 y 4 son efectivos para especificar el elemento al que nos referimos y, en consecuencia, para ganar precisión. Estas dos funciones son importantes, sin duda, en la comunicación especializada.

Pero también es cierto que así se incrementa la complejidad sintáctica y que eso crea dificultades. Al fin y al cabo, hay que ser conscientes de esta balanza y valorar lo que pretendemos en cada caso: ¿es posible encontrar recursos sintácticos para decir lo mismo sin estos *efectos secundarios?* ¿Sí? ¡Perfecto! ¿No? Pues reformulemos el fragmento: planteémonos cómo podemos ayudar al lector a entenderlo.

SOLUCIONES

Para evitar los períodos largos, los mismos autores recomiendan:

1. Poner una idea por oración. Poner las otras ideas en las frases siguientes. Las explicaciones, las matizaciones y los calificativos complementarios pueden ir después, separados con puntuación fuerte (punto, punto y coma, dos puntos). Así, las oraciones que tratan una misma idea componen un párrafo –como en el ejemplo 1b anterior.
2. Sustituir los conectores que relacionan ideas diferentes y que alargan la oración por signos de puntuación fuerte. O mantener los conectores, pero dividiendo la oración larga en varias de menor extensión.
3. Eliminar las subordinadas y los incisos prescindibles; situarlos en frases posteriores.

4. Introducir frases cortas e introductorias entre las oraciones largas que sean imprescindibles. Estas frases esponjan la complejidad sintáctica y preparan al lector para los períodos *duros*.

Veamos algunos ejemplos:

Original	Reformulación
2a. El presente informe recoge los resultados de la fase preliminar (véanse Anexos 1 y 2, los informes de CDS en inglés y la traducción al español) de la revisión, sin entrar en consideraciones numéricas ni de plazos de ejecución de recomendaciones que, entendemos, habrá que determinar con exactitud en posteriores intervenciones según la relación beneficio/coste prevista en su implementación.	**2b.** *Este* informe recoge los resultados de la fase preliminar de *la revisión* (véanse Anexos 1 y 2, los informes de CDS en inglés y *su* traducción). *No entra* en consideraciones numéricas ni de plazos de ejecución de recomendaciones. *Entendemos* que habrá que determinarlas con exactitud en intervenciones posteriores, según la relación prevista de beneficio/coste.

He marcado con cursiva los cambios en la reformulación: he sustituido los conectores por puntos y seguido y he dividido el período largo en tres oraciones breves. Pero no siempre es tan fácil.

Original	Reformulaciones
3a. Nadie con dos dedos de frente puede negar la aportación al desarrollo económico que trajo, desde los tiempos no tan lejanos de la «serpiente europea», el sistema monetario europeo, que se propuso, desde un comienzo, introducir cierta dosis de disciplina en las políticas monetarias, o simplemente políticas, entre los países que se habían comprometido, tomando impulso del tratado de Roma, firmado por seis países –RFA,	**3b.** Nadie con dos dedos de frente puede negar la aportación al desarrollo económico que trajo *el sistema monetario europeo*, desde los tiempos no tan lejanos de la «serpiente europea». *Desde un comienzo, este sistema* se propuso introducir cierta dosis de disciplina en las políticas monetarias, o simplemente políticas, *de los...*

Francia, Italia, Bélgica, Holanda y Luxemburgo–, para llegar –¡y ya va por 50 años!– a una unión económica europea, embrión de los Estados Unidos Europeos.

3c. ...seis países (RFA, Francia, Italia, Bélgica, Holanda y Luxemburgo) que firmaron el tratado de Roma –¡ya hace 50 años!– y que se comprometieron *a llegar a una unión económica europea,* embrión de los Estados Unidos Europeos.

3d. ...países que se comprometieron *a llegar a una unión económica europea. Estos países fueron* seis (RFA, Francia, Italia, Bélgica, Holanda y Luxemburgo) *y ya hace 50 años firmaron el tratado de Roma, que fue* el embrión de los Estados Unidos Europeos.

Aquí cuesta bastante descomponer la oración. El final contiene varias subordinadas incrustadas, como si fuera una muñeca rusa, y un anacoluto: *los países que se habían comprometido... para llegar... a una unión económica.* Las dos reformulaciones (3c y 3d) separan los complementos de la estructura básica, pero provocan forzosamente otras variaciones.

Para resumir, Kirkman (1992) propone el concepto de *manejabilidad*, que designa el grado de adaptación y de funcionalidad de la oración a las características del contexto. No se trata de que la oración sea siempre breve o simple, sino de que sea *manejable* según las necesidades del lector, el propósito del autor y la complejidad del tema.

GRUPOS NOMINALES

Otra característica de la prosa profesional es la expansión de los grupos nominales con varios procedimientos:

- Las nominalizaciones de verbos: *estabilización* (de *estabilizar*), *cronificación (cronificar)*, etc. Así, decimos la *estabilización de la presión arterial* o la *cronificación del tumor de huesos*.
- Los complementos de nombre: *el síndrome de Creutzfeld-Jakob, la teoría cognitiva de John Hayes sobre los procesos cognitivos*, etc.
- Los complementos de adjetivo y de participio: *la enfermedad degenerativa del cerebro, provocada por los priones, considerada una epidemia*, etc.

La acumulación de estos recursos, encadenados entre comas, genera grupos nominales muy extensos. Escribimos: *la enfermedad degenerativa del cerebro, llamada síndrome de Creutzfeld-Jakob, provocada por las proteínas llamadas priones, alojadas en la médula ósea y en otros componentes de los animales...* La investigación sugiere que estos grupos nominales expresan mejor los datos específicos y despersonalizados, puesto que los verbos y los adverbios tienen limitaciones para enunciar a los objetos y a sus características (Halliday, 1989: 71-75).

Pero algunos manuales recomiendan moderar esta tendencia nominalizadora. Berrou (1992) la denomina *sustantivitis* y la considera un «vicio» de la comunicación empresarial. A continuación comentaré dos casos específicos con recomendaciones para gestionarlos.

Estilos nominal y verbal

Linda Flower (1989) recomienda equilibrar la proporción de nombres y verbos a la baja. Por una parte, igualar el número de nombres y verbos fomenta un estilo más verbal. Por otra, rebajar ambas cantidades reduce la extensión de la oración. Fijémonos por ahora sólo en el primer punto:

Estilo nominal	Estilo verbal
4a. En el <u>caso</u> de la *<u>automedicación</u>* continuada de los <u>adultos</u> para el <u>insomnio</u> **puede ser** útil el *<u>aprendizaje</u>* de las <u>técnicas</u> orientales de *<u>relajación</u>* de la <u>mente</u> y el <u>conocimiento</u> de las <u>estadísticas</u> publicadas por la <u>OMS</u> sobre los <u>perjuicios</u> causados por esta <u>práctica</u>. [*44 palabras*]	**4b.** Si los <u>adultos</u> *se **automedican*** continuadamente para el <u>insomnio</u> puede ser útil que ***aprendan*** las <u>técnicas</u> orientales para ***relajar*** la <u>mente</u> y que ***conozcan*** las <u>estadísticas</u> que ***publica*** la <u>OMS</u> sobre los <u>perjuicios</u> que ***causa*** esta <u>práctica</u>. [*37 palabras*]

- verbos en forma personal: 1 *(puede ser*, negrita).
- participios: 2 *(publicadas, causados)*.
- sustantivos: 13 (subrayados)
- preposiciones: 11
- conjunciones y relativos: 0

- verbos en forma personal: 6 *(se automedican, puede ser, aprendan, conozcan, publica, causa)*. Un infinitivo: *relajar*.
- sustantivos: 8 (subrayados)
- preposiciones: 3 *(para, por, sobre)*
- conjunciones y relativos: 5 *(si;* dos *que* conjunción y dos *que* relativos).

El fragmento 4a es un buen ejemplo de estilo nominal, con una presencia de sustantivos muy superior a la de verbos. Por el contrario, el 4b transforma algunos nombres en verbos (con cursiva) y equilibra la proporción de unos (8) y otros (7, si contamos el infinitivo). Hay detalles relevantes:

1. El fragmento 4a es una oración extensa, compuesta de varios grupos nominales extensos. Cada grupo tiene tres o más sustantivos relacionados con preposiciones (11). En cambio, 4b se compone de unidades más breves, subordinadas con conjunciones y relativos (5) y compuestas de verbo y argumentos (sujeto, complementos). Aquí el lector fracciona la lectura del período en varias partes significativas, que procesa por separado.
2. El fragmento 4a tiene varias nominalizaciones *(automedicación, conocimiento, relajación)* que incremen-

tan el grado de abstracción y complejidad (Kirkman 1992). Los estudios de legibilidad muestran que los lectores comprenden más fácilmente los elementos concretos que los abstractos.
3. La utilización de más verbos en 4b hace que haya más sujetos y que sean más transparentes los agentes y los objetos de las acciones. Por el contrario, 4a es más impersonal porque los grupos nominales esconden las relaciones de sujeto-acción-objeto.

En resumen, leemos las reformulaciones con más facilidad que el original de la izquierda. Parece que los hablantes estamos más acostumbrados al estilo verbal, porque es el más corriente en el habla cotidiana. Las construcciones nominales del latín clásico (ablativo absoluto, participios pasados) se perdieron en la evolución hacia el latín vulgar y las lenguas románicas actuales. Veamos ahora unos ejemplos reales:

Estilo nominal	Estilo verbal	
5a. Visita solicitada por la Delegación General por dos motivos: índices de morosidad elevados, en función de los indicadores institucionales, y la sospecha de que la oficina estaba aprobando operaciones que requerían la autorización de un nivel superior.	5b. La Delegación General *ha solicitado* la visita por dos motivos: los índices de morosidad *son elevados*, según los indicadores institucionales, y *se sospecha* que la oficina ha aprobado operaciones que requerían la autorización de un nivel superior.	
6a. Se ha efectuado un trabajo de seguimiento y de validación del desempeño de las directrices establecidas en el área de Tesorería y en el centro de Mercado de Capitales.	6b. Se ha Ø *verificado* que *se cumpliesen* las directrices establecidas en el área de Tesorería y en el centro de Mercado de Capitales.	6c. Se ha Ø *verificado* que *se cumpliesen* las directrices *que se habían establecido* en el área de Tesorería y en el centro de Mercado de Capitales.

El fragmento 5a es un buen ejemplo de estilo prácticamente nominal, sin verbo principal. Sólo tiene dos subordinadas: *que la oficina estaba aprobando operaciones* y *que requerían*. La reformulación añade tres verbos: *ha solicitado, son* y *se sospecha*. Las reformulaciones 6b y 6c muestran grados diferentes de estilo verbal, con dos o tres verbos, respectivamente; 6c ejemplifica los defectos que provoca una aplicación radical de esta recomendación.

Complementación

No siempre son justificados los complementos del nombre, la adjetivación y los participios expandidos. Kirkman (1992: 28-29) considera gratuita una buena parte de esta complementación y recomienda sustituirla por expresiones más directas y breves. Afirma: «El vocabulario hinchado tiene un efecto insidioso. Empezamos por usar dos o tres palabras para expresar con circunloquios una idea que podríamos haber formulado más concisamente. [...] Los escritores inexpertos quizás piensen que estas frases barrocas y resbaladizas imprimen cientificidad a su trabajo, pero muchos lectores las encuentran muy molestas.»

Otros autores desconfían de los complementos encadenados con preposiciones, como: *el director del instituto internacional para el análisis de los sistemas aplicados a la economía en situación de crisis.* Para evitar esta profusión de nombres recomiendan eliminar los complementos irrelevantes y dejar la frase desnuda con las palabras clave. Veamos algunos ejemplos inventados en la página siguiente.

El ejemplo 7b elimina palabras innecesarias *(el hecho de que, el acto de, para los periodistas)* y acorta la oración. En la primera frase se transforma el estilo verbal original *(se haya aplazado indefinidamente)* en nominal (el *aplazamiento inde-*

Original	Reformulación
7a. El hecho de que la inauguración de las obras se haya aplazado indefinidamente provoca malestar en la Administración. El acto de rueda de prensa informativa para los periodistas tuvo lugar...	**7b.** *El aplazamiento indefinido* de la inauguración de las obras provoca malestar en la Administración. La rueda de prensa informativa tuvo lugar...
8a. Algunos de los principales políticos del gobierno y de la oposición en el Congreso de Chile en la anterior legislatura han anunciado hace pocos días en la prensa, y también en la televisión, que están preparando un avance suculento de una parte del primer volumen de sus memorias personales, sobre la actividad política de la época.	**8b.** Algunos Ø políticos chilenos Ø han anunciado Ø que están preparando un avance de sus memorias.

finido), infringiendo la recomendación anterior. Es un fragmento breve y aquí el estilo nominal ahorra palabras y no incrementa la abstracción.

¡Menuda reducción en 8b! Sustituimos *del gobierno y de la oposición en el Congreso de Chile* por *chilenos*, porque los políticos siempre están en el gobierno o en la oposición. También eliminamos *en la prensa, y también en la televisión* porque lo *han anunciado* los presupone, y el resto son datos secundarios *(anterior legislatura, suculento, parte del primer volumen)* o redundantes *(personales, sobre la actividad política de la época)*. Podemos inferir sin dificultad todo lo eliminado. Veamos ahora dos ejemplos reales en la página siguiente.

En el ejemplo 9b dos verbos *(verificar* y *analizar)* sustituyen a los nombres correspondientes. Hemos eliminado *la definición y la implantación de los procedimientos* (marcado con Ø), porque la palabra clave es *operativa*. Si no fuera así, si la expresión *verificar la definición y la implantación* fuera más relevante, entonces tal vez podríamos eliminar los otros nombres. Para resaltar una cosa, hay que eliminar otra.

Original	Reformulación
9a. Los objetivos de la auditoría han sido la verificación de la definición y la implantación de los procedimientos de la operativa descentralizada y el análisis de los controles instaurados tanto en las propias delegaciones generales como en los centros correspondientes de Servicios Centrales.	**9b.** Los objetivos de la auditoría han sido *verificar* Ø la operativa descentralizada y *analizar* los controles instaurados en Ø las Delegaciones Generales y Ø en los centros correspondientes de Servicios Centrales.
10a. Los Sres. Téllez y Barneto presentan un conjunto de tres documentos que intentan iniciar la reflexión sobre las líneas de actuación para profundizar los aspectos de reforma administrativa.	**10b.** Los Sres. Téllez y Barneto presentan Ø tres documentos que Ø *inician* la reflexión sobre Ø la reforma administrativa.

AFIRMACIONES Y NEGACIONES

En la prosa es más habitual afirmar que preguntar, exclamar, dudar o negar. Los manuales recomiendan la afirmación en vez de la negación por varios motivos:

- La negación es más difícil de comprender. Comparemos: *No sabía que los cajeros automáticos no pudiesen suministrar billetes de 500 €* y *Creía que los cajeros automáticos podían suministrar billetes de 500 €.* Hemos tenido que leer la primera oración dos veces, ¿verdad? Seguramente. Es semánticamente más compleja puesto que tiene dos negaciones encadenadas *(no sabía, no pudiesen).*
- Una afirmación transmite datos más explícitos y desvinculados del contexto. Veámoslo: *el crecimiento económico no ha alcanzado los 2,9 puntos* dice menos que *el crecimiento económico ha alcanzado los 2,7 puntos.* Además, en la negación se presupone que *2,9 puntos* es relevante por algún motivo. ¿Por qué dice *no ha alcanzado*

los 2,9 puntos y no *los 3 puntos* o *los 2,8?* ¿Qué tiene 2,9 que no tenga 3 o 2,8? Hay implícitos del tipo: «no ha alcanzado los 2,9 puntos previstos por el gobierno y eso es más importante que el que haya llegado a 2,7 o que no haya llegado a 2,8». En cambio, la afirmación es más independiente del conocimiento previo del lector y eso la hace más válida para comunicar datos especializados.

- La valoración social de la afirmación es más positiva y cortés que la de la negación, sobre todo en determinados escritos: informes de valoración, memorias, proyectos, cartas. Las afirmaciones se asocian con un tono constructivo y elegante y los lectores las aceptan más gustosamente.

Sin embargo, Eagleson (1990) reconoce que la negación es la mejor manera de formular algunas ideas, como la prohibición: *No fumar, no pisar la hierba*. Fórmulas como *está prohibido fumar* o *está prohibido pisar la hierba* son más largas y abstractas. Además, no siempre es posible transformar una negación en una afirmación equivalente; entre la una y la otra puede haber matices significativos:

Original	Reformulación
11a. Según lo que se expresa en la carta, la asociación no desea que la reunión con nuestros representantes sea difícil y poco amistosa.	11b. Según lo que se expresa en la carta, la asociación quiere que la reunión con nuestros representantes sea *fácil* y *amistosa*.
12. La dirección no puede asegurar que no haya otras filtraciones o actuaciones irregulares en el colectivo.	Ø
13a. No se prevé que el anticipo pueda ser inferior al 80% del sueldo.	13b. Se prevé que el anticipo *sea del* 80% del sueldo *o superior*.

En la frase número 11a *no desea* una reunión *difícil y poco amistosa* es bastante diferente de quererla *fácil y amistosa*

111

–sobre todo en política. El fragmento 12 procede de las conclusiones de una auditoría y es un buen ejemplo de negación que no se puede eliminar sin modificar el significado. En cambio, el 13 muestra que muchas otras negaciones pueden transformarse en afirmaciones para ganar claridad.

9. MÁS PROSA

> El estilo se refiere a una elección: a la frase corta o larga, simple o compleja, llana o barroca; a la palabra corta o larga, familiar o elevada, técnica o general; al verbo activo o pasivo, personal o impersonal; al párrafo convencional o creativo, a la puntuación abundante o escasa. Sería un error pensar que la buena prosa consiste en elegir siempre la misma opción entre estos pares. Los mejores escritos son variables y flexibles.
>
> JOHN KIRKMAN, 1992: 6-8

PRESENTACIÓN

La prosa especializada suele utilizar sólo algunas formas verbales. Aunque podamos encontrar el futuro en una introducción y el pasado en algún resumen, lo habitual es el presente. Kocourek (1991) afirma que el 85 % de los verbos se conjuga en tiempo presente. Eso lleva a algunos autores a calificar de *atemporal* el escrito técnico-científico.

Respecto a la persona, son corrientes la 3.ª persona del singular o del plural y la impersonalidad. En cambio, nos ahorramos muchas referencias al destinatario: son muy escasos el *tú*, el *vosotros* o el *usted*. También lo es la 1.ª persona del singular: solemos preferir el *nosotros* de modestia o las perífrasis del tipo *los autores creen* –véase el tercer capítulo.

Sobre el orden de las palabras, los manuales escolares recomiendan la estructura sintáctica básica de sujeto, verbo, objeto directo y complementos (indirecto, circunstancial). Pero el español, como el resto de lenguas románicas, es muy flexible y admite muchas combinaciones de palabras, a diferencia del inglés o el alemán. Además, debemos considerar factores comunicativos como el interés de cada dato o la secuencia discursiva (narración, descripción, argumentación).

A continuación analizaré con más detalle varias cuestiones sobre las formas verbales y el orden de las palabras.

ACTIVAS Y PASIVAS

La prosa especializada usa a menudo frases como las de la izquierda:

Pasivas perifrásticas	Otros recursos
1a. Esta versión *fue confirmada por* otro informante.	1b. Esta versión la confirmó otro informante.
2a. Los datos *fueron recibidos* el 17 de marzo.	2b. Se recibieron los datos el 17 de marzo.
3a. Una muestra *fue infectada* rápidamente.	3b. Una muestra se infectó rápidamente.
4a. El gen *fue analizado* cinco veces por el técnico.	4b. Se analizó el gen cinco veces.

Estas pasivas perifrásticas se componen del auxiliar *ser*, el participio del verbo y, a veces, un complemento introducido con *por*. Sirven para enfatizar el objeto *(esta versión, los datos, una muestra)*, que inicia la oración. Dejan en un segundo término al sujeto (1a: *otro informante*) o lo evitan (como 2a-4a). Son útiles cuando no se sabe quién es el agente (como 3), cuando no es importante (2a) o cuando no lo queremos mencionar (4a); en definitiva, cuando queremos destacar lo ocurrido y no tanto quién o qué lo ha provocado. Eso pasa a menudo en la comunicación profesional.

Pero los gramáticos reconocen que en español la pasiva

perifrástica tiene poca rentabilidad (Mendikoetxea, 1999: 1616 y 1636). No escribimos pasivas con determinados verbos (*la versión fue sabida, *75 km fueron medidos por el sistema*), en presente *(*los datos son recibidos)* o en imperfecto *(*una muestra era infectada),* ni con nombres sin artículo *(*genes fueron analizados).* Parece que en latín vulgar ya eran poco frecuentes y que hoy preferimos usar otros recursos.

El ejemplo 1b es una oración dislocada muy corriente, que permite lograr efectos parecidos a 1a. Equivale a la activa *(otro informante confirmó esta versión)* cambiando el orden y añadiendo el pronombre *la*. Los ejemplos 2b, 3b y 4b son pasivas pronominales, también habituales, que añaden el pronombre *se* a la activa –y que no permiten especificar el agente *(*se analizó el gen cinco veces por el técnico).* Todos estos recursos ponen énfasis en los objetos pacientes.

Kirkman (1992) reconoce la utilidad de la pasiva en inglés, pero critica que se use sin provecho, cuando no es preciso –de modo que la prosa se aleja del habla sin ganar nada a cambio. Ofrece tres argumentos para moderar su uso:

1. En inglés predomina el modo activo. No hay razón alguna para que la comunicación profesional se aleje de esta tendencia.
2. Las pasivas perifrásticas alargan la frase y la cargan de palabras, porque requieren el verbo *ser* (u otros equivalentes) y la preposición *por*.
3. No tiene fundamento la idea de que es más objetivo el estilo impersonal, que esconde a los protagonistas de la acción, como hace la pasiva. La objetividad depende de otros factores.

En definitiva, parece que las pasivas perifrásticas son infrecuentes y complejas, por lo que no siempre logran la eficacia supuesta. Acabo con algunos ejemplos reales:

Original	Reformulaciones
5a. El informe es presentado por la señora Puig. Se trata de la sustitución por etapas de la edificación existente por causa de la aluminosis.	**5b.** El informe *lo presenta* la señora Puig. Se trata... **5c.** La señora Puig *presenta* el informe, *que* trata...
6a. La dirección y gestión de la empresa ha estado bajo la actividad directa del, hasta el pasado mes de marzo, director general de GDS, quien tenía a su cargo la instrumentación, seguimiento y control de las operaciones, que previamente habían sido autorizadas por la comisión ejecutiva de la CB y ratificadas por el Consejo de Administración.	**6b.** *Ha dirigido y gestionado directamente* la empresa *el que fue* director general de GDS *hasta el marzo pasado*. Este director instrumentaba, seguía y controlaba las operaciones que previamente *había autorizado* la comisión ejecutiva de la CB y *que había ratificado* el Consejo de Administración.

Las opciones b mantienen el orden original y la 5c recurre al orden activo –habría que conocer el contexto para decidir si es recomendable. En 6b se suprime la pasiva *habían sido autorizadas por...* que no parece tener propósito claro, además de hacer otros cambios: eliminar la paráfrasis *ha estado bajo la actividad directa* o *tenía a su cargo* y sustituir varios nombres por los verbos correspondientes *(dirigir, instrumentar).*

Gerundios

La prosa especializada suele contener muchos gerundios, quizá por influencia del lenguaje administrativo y de las sentencias judiciales, que los utilizaron por prescripción durante mucho tiempo (los famosos *considerando* y *resultando)*. Sin embargo, a menudo no son ni correctos ni recomendables, como documentan Fernández Lagunilla (1999: 3452) y varios libros de estilo. Veámoslo:

Gerundios incorrectos	Equivalencias correctas
7a. *Entró en la célula *transformando* el núcleo. [gerundio copulativo o coordinante]	**7b.** Entró en la célula *y transformó* el núcleo.
8a. *Se ha publicado el informe *analizando* el impacto de los gases tóxicos en el ambiente. [gerundio adjetivo]	**8b.** Se ha publicado el informe *que analiza* el impacto de los gases tóxicos en el ambiente.
9a. *Este formulario se aplica a la situación en que haya varios herederos, *anotando* los datos personales y el domicilio fiscal. [gerundio final]	**9b.** Este formulario se aplica a la situación en que haya varios herederos, *con el fin de anotar* los datos personales y el domicilio fiscal.

El 7a es el típico gerundio *de posterioridad* en el que el tiempo del gerundio *transformando* es posterior al del verbo principal *(entró)* y que se puede sustituir por una oración coordinada. El 8a es el denominado «gerundio del BOE (Boletín Oficial del Estado)» [*sic: La Vanguardia* 2004], porque era habitual en esta publicación. Y el 9a es un gerundio que equivale a toda una subordinada final.

En la práctica, puede ser difícil determinar si un gerundio es correcto o no. Cuando el contenido hace referencia a conceptos abstractos, no es posible ordenar los verbos en una secuencia temporal, de modo que se suelen aceptar en muchos casos.

Al margen de la corrección, conviene tener presente estos rasgos del gerundio:

1. Al ser una forma impersonal, no puede especificar el tiempo, la persona o el número de la acción. El lector debe inferirlos por el contexto.
2. Alarga la oración, al añadir subordinaciones. Si éstas son largas, la frase completa incrementa su extensión y complejidad.
3. Provoca que el verbo y la oración principal pierdan fuerza, al quedar algo «tapados» por la subordinada con gerundio.

4. Pertenece a un registro formal y es poco vivo en el habla cotidiana.

En la práctica, pues, conviene ser cauto. Algunos textos abusan tanto del gerundio que se convierte en una muletilla. En cambio, un buen gerundio puede relacionar dos ideas de manera eficaz en un período corto. Ejemplos:

Original	Reformulación
10a. La confección de este documento se ha mecanizado *utilizando* las mismas herramientas que el anterior, *obteniendo* una reducción de tiempo en su confección, alrededor de un 90%.	**10b.** La confección de este documento se ha mecanizado utilizando las mismas herramientas que el anterior. *Eso ha permitido obtener* una reducción...
11a. Las oficinas han cambiado sus hábitos en la solicitud de los encargos de efectivo, *pidiendo* un mayor número de servicios de un día para el otro, lo que dificulta que todas las remesas puedan ser repartidas a primera hora, *generando* un mayor número de demoras numéricas.	**11b.** Las oficinas han cambiado los hábitos al solicitar encargos de efectivo: *ahora piden* más servicios de un día para el otro, lo que dificulta que *se puedan repartir* todas las remesas a primera hora. Esto *genera* un mayor número...

Entre los 4 gerundios subrayados sólo es gramaticalmente incorrecto el segundo, pero el único que se mantiene en la reformulación de la derecha es el primero, porque introduce una subordinación breve relacionada con el verbo principal.

Verbos débiles

La última recomendación de esta sección trata de los verbos con poco contenido semántico o *débiles*. Flower (1989) sugiere que la prosa gana claridad si los sustituimos por equivalentes con predicación completa:

Original	Reformulación	
12a. Hay una concentración del 65% de la inversión de TOMIGSA en cinco grupos de promotores.	**12b.** El 65% de la inversión de TOMIGSA *se concentra* en cinco grupos de promotores.	**12c.** *Cinco grupos de promotores concentran* el 65% de la inversión de TOMIGSA.
13a. El documento es una justificación del retraso con que se iniciaron las obras.	**13b.** El documento *justifica* el retraso con que se iniciaron las obras.	

A la izquierda, los verbos *haber (hay)* y *ser (es)* conectan *una concentración* y *una justificación* con el resto, pero aportan poco significado. A la derecha, *concentran* y *justifican* permiten construir frases con predicación completa, más breves y claras. Otros verbos que podemos sustituir en contextos semejantes son: los copulativos *estar, parecer* y *resultar;* verbos con poco valor semántico como *convertirse, mostrarse, seguir* o *creerse,* y las proformas verbales *(hacer, decir, encontrar, llegar a).*

ORDEN Y POSICIÓN

El ojo no explora el escrito de manera neutra, barriendo la prosa de izquierda a derecha y de arriba abajo. Da prioridad a algunos lugares: se fija primero en la página de la derecha, en la parte superior de la hoja y en el inicio de párrafo. Por eso debemos preguntarnos: ¿dónde debo poner lo más relevante?, ¿dónde se verá más? ¿Y los datos secundarios?..., ¿dónde van? ¿Qué posiciones son más visibles?

Respecto a la página, hay bastante acuerdo. El ojo está acostumbrado a buscar primero el título, el subtítulo, el inicio de capítulo y párrafo; el interior del texto se explora después. Así, es inteligente poner los datos importantes en los lugares más visibles, para que lleguen antes al lector.

Hay menos acuerdo sobre la oración. Muchos manuales recomiendan poner lo más importante al inicio, pero también hay otros que sostienen que el final de frase y párrafo es una posición sensible (Strunk y White, 1917). Además, hay que considerar que cada idioma tiene su estructura particular. El español es una lengua SVO (o sea, con el orden Sujeto-Verbo-Objeto) y ésta es la ordenación básica de las palabras, aunque tengamos libertad para hacer permutaciones según el contexto.

Así, al hablar decimos *los presupuestos, los hemos calculado a partir de los informes* o *los hemos calculado a partir de los informes, los presupuestos,* en vez de la forma básica *hemos elaborado los presupuestos presentados a partir de los informes.* Cambiando el orden de las palabras enfatizamos *los presupuestos* y *los hemos calculado,* respectivamente. Pero estas permutas son menos corrientes en la prosa, que carece de entonación y es más autónoma del contexto.

Para terminar, los estudios sintácticos reconocen que hay una tendencia a poner al final los complementos más «pesados», los más extensos y complejos. La oración es más fluida y clara si arranca con el sujeto y el verbo y coloca al final los complementos (incisos, subordinadas, relativos). Veamos algunos ejemplos:

Original	Reformulación
14a. Debido a la pérdida progresiva de hierro, a la inestabilidad vascular y a una infección de orina, se ha aplazado indefinidamente la intervención de amputación de la extremidad derecha.	**14b.** *Se ha aplazado indefinidamente la intervención de amputación de la extremidad derecha,* debido a la pérdida progresiva de hierro, a la inestabilidad vascular y a una infección de orina. [datos importantes al inicio]
15a. Tal como establece el contrato de alquiler, y de acuerdo con la nueva normativa europea sobre recogida de residuos inorgánicos, el municipio debe especificar las condiciones de evacuación de los desperdicios de la planta industrial.	**15b.** El municipio debe especificar las condiciones de evacuación de los desperdicios de la planta industrial, *tal como establece el contrato de alquiler y de acuerdo con la nueva normativa europea sobre recogida de residuos inorgánicos.* [complementos al final]

Veamos ahora dos ejemplos reales:

Original	Reformulación
16a. La tasación de un inmueble conlleva dificultades ya que no existe un mercado homogéneo (no hay inmuebles idénticos) ni transparente (algunas transacciones se efectúan en forma de compensaciones, permutas, pagos aplazados, etc.), y en consecuencia, la tasación no se puede considerar como una verdad absoluta, sino una referencia objetiva.	**16b.** La tasación de un inmueble *no se puede considerar una verdad absoluta, sino una referencia objetiva*. La tasación conlleva dificultades *porque* Ø el mercado no *es* ni homogéneo (no hay inmuebles idénticos) ni transparente (algunas transacciones se efectúan en forma de compensaciones, permutas, pagos aplazados, etc.).
17a. Atendida la dificultad de ajustar todos los productos (en los préstamos y las operaciones a plazo no es factible por motivo de su volumen) y debido a que la desviación económica es insignificante en las cédulas hipotecarias y la deuda subordinada, además se va compensando a lo largo del año, entendemos que no debería realizarse ningún ajuste.	**17b.** *Entendemos que no debería realizarse ningún ajuste*, dado *que es difícil hacerlo con* todos los productos, que la desviación económica es insignificante en las cédulas hipotecarias y la deuda subordinada, y que *ésta* se va compensando a lo largo del año. *Además*, en los préstamos y las operaciones a plazo no es factible *hacerlo* por motivo de su volumen.

La reformulación modifica el orden original de los componentes y aclara la prosa. Es más directa. Pero quizá algunos lectores pueden estar acostumbrados –culturalmente– al estilo de la izquierda, que presenta las circunstancias o las condiciones antes que el hecho central.

Incisos

La prosa especializada suele tener más incisos. Tanto si va entre paréntesis, comas o guiones –más raro–, el inciso complementa el hilo principal del discurso.

Para el autor es un recurso sencillo que permite añadir

información sin tener que rehacer la frase. El paréntesis es su ejemplo más claro: se inserta en cualquier punto (no tiene límite de extensión ni número); se pueden poner los que se quiera (como estoy haciendo ahora)... ¡Pero qué paliza leer un escrito lleno de paréntesis!

Para los lectores, el inciso alarga la oración, incrementa su complejidad y exige más atención. También imprime un carácter más técnico al escrito. Cuando hay varios incisos y cuando son largos, es común tener que releer varias veces el fragmento en cuestión. Veamos otros aspectos (Richaudeau, 1992; Coromina, 1991):

1. *Cantidad.* La acumulación de incisos incrementa la dificultad. Es igual que vayan uno dentro de otro (igual que muñecas rusas –tal como lo estoy haciendo aquí–) o encadenados uno tras otro. Suele ser más comprensible una retahíla de oraciones simples, ligadas con punto y seguido, que una oración repleta de incisos.
2. *Extensión.* El inciso breve tiene menos coste que el largo. El que tiene menos de 15 palabras no supera la capacidad humana de memoria de trabajo y se lee con más facilidad. ¡Pero no siempre es posible reducirlo tanto!
3. *Colocación.* Hay que insertar el inciso en el lugar al que se refiera, pero conviene no separar las palabras que van juntas (sujeto y verbo, verbo y complementos), como veremos más adelante.
4. *Puntuación.* Podemos ayudar al lector marcando el inicio y el final de cada inciso. Podemos poner comas, paréntesis o incluso guiones largos –que no debemos confundir con el guión corto que rompe las palabras a final de raya. Fíjate:

Coma	Es el signo menos visible, *que avisa menos*, y el más versátil, *ya que ejerce muchas otras funciones*. No podemos saber que una coma abre un inciso hasta leer lo que sigue. Por eso, la reservamos para los incisos breves, *de pocas palabras*, y los que están más relacionados con la frase básica, *como los subrayados*.
Paréntesis	Es más visible y exclusivo, ya que sólo inserta incisos. Va siempre en pareja *(un paréntesis de apertura inicia un inciso que acaba siempre con el signo opuesto)*. Por eso lo reservamos para los incisos largos y más desatados de la frase. *(Incluso podemos poner entre paréntesis frases completas como ésta, fuera del hilo principal del discurso.)*
Guión largo	Es más visible que la coma –¿verdad?–, pero menos que el paréntesis. En el diálogo y la conversación, introduce las diferentes voces del discurso. En un monólogo, marca un cambio de tono o de humor –*pero es bastante raro en el discurso técnico y profesional*.

Así pues, ¡no olvides la puntuación! Un inciso que no esté delimitado con signos de puntuación desorienta. Veamos algunos ejemplos:

Original con incisos	Reformulación sin incisos
18a. La aparición de los archivos indexados (muchos de los cuales son automatizados), que se construyen a partir de las palabras que contiene el título del documento que se archiva, ha hecho que la redacción de títulos sea más importante. La efectividad de esta indexación –como también la probabilidad de que el lector recupere después la información– depende del cuidado con que se haya escogido el título.	**18b.** La aparición de los archivos indexados ha hecho que la redacción del título de los documentos sea más importante. *Estos archivos, a menudo automatizados, se construyen a partir de las palabras que contiene el título del documento que se archiva.* La efectividad de esta indexación *y* la probabilidad de que el lector recupere después la información *dependen* del cuidado con que se haya escogido el título.

La reformulación de la derecha suprime tres incisos del original empleando recursos sintácticos. Los dos primeros forman una frase nueva (en cursiva) y el tercero, marcado entre guiones a la izquierda, se añade al sujeto principal en la reformulación (con el plural *dependen*). Veamos dos ejemplos reales:

Original	Reformulación
19a. El año 1992, pese al impacto previsible que se esperaba que provocarían los Juegos Olímpicos, sobre los diferentes servicios y controles que son responsabilidad de Guinovart (Transporte y Manipulación de efectivo nacional y extranjero, recibido en las Oficinas, etc.), lo podemos valorar como un ejercicio de transición, en el que las magnitudes de estos parámetros han experimentado, básicamente, un crecimiento fruto de su propia evolución vegetativa.	**19b.** *Podemos valorar* el año 1992 *como un ejercicio de transición*, pese al impacto previsible que se esperaba que provocarían los Juegos Olímpicos sobre los diferentes servicios y controles que son responsabilidad de Guinovart (Transporte y Manipulación de efectivo nacional y extranjero, recibido en las Oficinas, etc.). Las magnitudes de estos parámetros han experimentado, básicamente, un crecimiento fruto de su propia evolución vegetativa.

Los incisos de la izquierda incrementan la complejidad de la prosa. Al suprimirlos, el fragmento gana simpleza y claridad.

JUNTAR PALABRAS

El último criterio que comentaré es antiguo y eficaz. Ya a principios del siglo XX Strunk y White (1917: 28) afirmaban para el inglés: «Coloque juntas las palabras relacionadas. La posición de las palabras en la frase es el indicador principal de su relación con el resto. Cuando están mal puestas, provocamos ambigüedades y confusión.»

Cuando separamos (para añadir algún detalle) un sujeto del verbo, un nombre del adjetivo o un verbo (como el anterior) del objeto directo, con un inciso, por ejemplo, estamos —como estás experimentando exactamente ahora— multiplicando la dificultad de la prosa. Tenemos que trabajar mucho más para reconstruir la relación entre las palabras separadas. Veámoslo con ejemplos reales:

Original	Reformulación
20a. La tasa media de inversión propia respecto de los recursos ajenos era, según el Credip a 30.10.05, del 2,12%, con 123,4 M de activo medio.	**20b.** *Según el Credip a 30.10.05,* la tasa media de inversión propia respecto de los recursos ajenos era del 2,12%, con 123,4 M de activo medio.
21a. Este informe recoge los resultados de la fase preliminar (véanse Anexos 1 y 2, informes de CDS en inglés y traducción al catalán) de la revisión, sin entrar en consideraciones numéricas ni de plazos.	**21b.** Este informe recoge los resultados de la fase preliminar *de la revisión* (véanse Anexos 1 y 2, informes de CDS en inglés y traducción al catalán). *No entra* en consideraciones numéricas ni de plazos.
22a. En cuanto al programa TOCUS, como su propósito no implicaba ningún proceso complejo ni repetitivo, nos sorprendió su duración.	**22b.** En cuanto al programa TOCUS, *nos sorprendió su duración,* ya que su propósito no implicaba ningún proceso complejo ni repetitivo.

La recomendación también funciona en castellano, sin duda. En el ejemplo 20b, *según el Credip* se sitúa al inicio porque tiene valor de marcador textual. En la 21b, el complemento *de la revisión* puede ir antes del paréntesis. Y en la 22b, el pronombre posesivo *su* tiene el referente más cerca *(el programa TOCUS).*

10. DISEÑOS

> Pocos documentos técnicos son completamente verbales. La mayoría combina dos de los tres lenguajes de la ciencia y de las profesiones: palabras, imágenes y símbolos. Por lo tanto, el proceso de escribir un documento incluye inevitablemente tanto tener que elegir entre estos lenguajes como encontrar formas de combinarlos efectivamente.
>
> JOHN MATHES y
> DWIGHT STEVENSON, 1991: 337

PRESENTACIÓN

La comunicación profesional es multimodal. Utiliza todo tipo de modos o recursos semióticos:

- sistemas *tridimensionales:* maquetas, relieves, reproducciones virtuales por ordenador;
- imágenes *icónicas:* fotos, mapas, planos, ilustraciones realistas o esquemáticas;
- *gráficos:* barras, curvas evolutivas, tartas, diagramas de flujo, pirámides de edad;
- *esquemas* visuales: dobles columnas, árboles, mapas mentales, llaves;
- sistemas *simbólicos:* nomenclaturas, fórmulas, ecuaciones, tablas de símbolos y cifras.

Las palabras se integran estrechamente con estos recursos para representar la realidad con más precisión y objetividad.

Una fotografía lleva pie de foto; un mapa incluye la leyenda con los símbolos usados; un gráfico especifica las magnitudes utilizadas, y un esquema requiere aclaraciones discursivas.

A menudo estos recursos ejercen funciones centrales. Algunos artículos de investigación concentran todos los resultados en una tabla numérica; algunos informes médicos se fundamentan en pruebas no verbales (vídeos de cateterismos, radiografías, resonancias). Aquí la prosa interpreta y comenta estos recursos: el médico quiere ver las imágenes, pero también espera leer el informe correspondiente del especialista...

Los autores dedicamos horas a elaborar estos elementos no verbales y trabajamos para lograr que sean entendidos. Por eso, los manuales de comunicación profesional incorporan un apartado extenso sobre recursos visuales.

En este capítulo reflexionaré sobre estos recursos, denominados *Diseños* para simplificar. Pondré énfasis en los recursos más verbales, como los esquemas, los diagramas o las tablas, y prescindiré de los gráficos o las imágenes que los ordenadores elaboran casi de manera automática –aunque eso no ahorre el trabajo de diseñarlos estratégicamente.

Usos y valores

«Una ilustración se recuerda mejor; haremos un esquema para que se entienda», pensamos a menudo. Presuponemos que las ilustraciones son simples, que se pueden usar siempre o que se hacen y comprenden de manera sencilla. ¡Qué ingenuidad! No hace falta mucha experiencia para percatarse de que no es así. Todos nos hemos topado con gráficos indescifrables, con tablas intimidatorias y esquemas confusos que complican más que facilitan la tarea de comprender.

Elaborar un buen gráfico, un esquema o un diagrama de flujo es una tarea compleja. Es tan difícil como redactar una argumentación o una definición. Que estos elementos visuales carezcan de una sintaxis tan codificada como la de la prosa no significa que no tengan reglas internas o que podamos confeccionarlos de cualquier manera. Quizá la falta de normas provoca que sea aún más difícil hacerlos bien. Quizá un gráfico descuidado pueda dar los datos básicos, pero difícilmente ayudará a interpretarlos de la manera más acertada.

Comparemos los efectos que provoca algo tan simple como presentar gráficamente una enumeración:

Cuatro enumeraciones

1a. El proyecto de promoción de la zarzuela debe considerar tanto el carácter elitista de este tipo de música como también el enorme coste económico que requiere, además de la relativa tradición que tiene en nuestra institución.

1b. El proyecto de promoción de la zarzuela debe considerar varios factores: el carácter elitista de este tipo de música, el enorme coste económico que requiere y la tradición relativa que tiene en nuestra institución.

1c. El proyecto de promoción de la zarzuela debe considerar estos factores:
- el carácter elitista de este tipo de música,
- el enorme coste económico que requiere, y
- la tradición relativa que tiene en nuestra institución.

1d. El proyecto de promoción de la zarzuela debe considerar tres factores:
1. El carácter elitista de este tipo de música.
2. El enorme coste económico que requiere.
3. La tradición relativa que tiene en nuestra institución.

La versión 1a oculta la estructura argumentativa bajo la forma *tanto... como* y *además...* La versión 1b menciona explícitamente *varios factores* y los enumera detrás de dos puntos, pero conserva la linealidad de la prosa. En cambio, las versiones 1c y 1d usan el espacio para destacar los factores mencionados; 1d incluso los ordena con cifras. Así, estos factores adquieren paulatinamente más importancia: lo que eran subordinadas en 1a pasan a ser párrafos independientes y numerados en 1d –de manera que parecen más relevantes que la oración principal.

Recursos visuales

Cada disciplina ha desarrollado sus propios sistemas de representación. La geografía hace mapas orográficos; la geología, mapas geológicos; la meteorología, mapas de presiones; la demografía, pirámides de edad; la genética, mapas de cromosomas. Pero hay algunos recursos que comparten muchas disciplinas, como los gráficos, los dibujos lineales o los esquemas. Esta tabla ofrece algunas ideas:

Funciones de los recursos visuales

Si tienes que:	*usa:*	*como, por ejemplo:*
Mostrar cómo es un objeto de la realidad:	fotografías, dibujos, representaciones virtuales	paisajes, animales, vegetales, microbios, estrellas, aparatos
Identificar o destacar algunos aspectos o rasgos de un objeto:	dibujos lineales, esquemas o gráficos *ad hoc*	instrucciones de uso de un electrodoméstico (p. 133)
Dar una visión global de datos simples: porcentajes, evolución, tendencias, etc.:	gráficos de tarta, barras, curvas	resultados electorales, encuestas, estudios estadísticos
Comparar datos numéricos: resultados de investigación, estadísticas:	tablas y gráficos	resultados de una auditoría, memorias anuales, ganancias y gastos
Comparar elementos; contrastar dos conjuntos (causas y consecuencias, preguntas y respuestas):	columnas dobles	tablas dependientes e independientes (p. 138), conducta experta y aprendiz (p. 132)
Explicar un proceso secuencial, con operaciones, recorridos, resultados, opciones:	diagramas de flujo, organigramas	proceso de elaboración de una ilustración (p. 133)
Clasificar grupos de elementos en jerarquías, planes o grupos diversos:	árboles y esquemas de corchetes	especies animales, genealogía de lenguas, caracteres tipográficos (p. 136)

La eficacia comunicativa consiste en saber aprovechar las posibilidades que ofrece cada recurso. En este sentido, no hay fórmulas fijas: la manera de utilizar los gráficos depende del tema, del lector y del propósito.

Por ejemplo, podemos representar los resultados de una encuesta con un gráfico tipo tarta –como el de la pág. 134– o con una tabla numérica. Como una metáfora, la tarta da una imagen global y simple, que captamos con rapidez y claridad, incluso sin leer; pero pierde eficacia si incluye muchos datos, si éstos son ajustados o si el lector quiere analizarlos con atención y por separado. En estas circunstancias, una tabla formula mejor la información aunque tenga menos fuerza visual.

A lo largo de esta guía he utilizado variados recursos para construir significados. Fíjate en las tipologías de lectores (p. 25, 31 y 35), las dobles columnas para contrastar ejemplos (en toda la guía) o las figuras geométricas para simbolizar estructuras de documentos (55-58).

¿CÓMO SE HACEN?

La elaboración de los recursos visuales sigue parámetros semejantes a la composición escrita. Brasseur (1990) analizó cómo 30 personas resolvían varias tareas de confección de gráficos. Sus producciones fueron valoradas por expertos académicos e industriales, con el fin de distinguir los *expertos* de los *aprendices*. Relacionando estas valoraciones con la conducta mostrada por los sujetos al trabajar, Brasseur encontró estas diferencias (véase la página siguiente).

En líneas generales, los expertos dedican más tiempo y esfuerzo a elaborar los recursos visuales. También tienen más conocimientos: tienen en cuenta el perfil de los lectores, exploran varias opciones de esquema o gráfico para encontrar

Conducta de los diseñadores de gráficos		
	expertos	*aprendices*
Planificación	Analizan las instrucciones y los datos; exploran diseños alternativos.	Analizan y planifican poco: eligen rápido un recurso visual.
Revisión	Revisan frecuentemente, abandonan las tentativas ineficaces.	Revisan poco, se quedan con una opción aunque sepan que tiene defectos.
Foco	Enfatizan las necesidades y los intereses de la audiencia.	Enfatizan los detalles de la información y la ortotipografía.
Diseño verbal	Se fijan en la corrección y la adecuación de los títulos, los descriptores y en la leyenda.	Omiten los elementos verbales o cometen errores en ellos.
Diseño visual	Conocen y usan efectivamente los principios del diseño visual.	Hacen diseños excéntricos, poco estéticos y poco efectivos.

el más adecuado. Además, se fijan en los detalles verbales (títulos, descriptores, etc.) y en el diseño (líneas, espacios, disposición). Hacen varios borradores y revisan más.

En cambio, los aprendices parecen tener prisa. Ni prestan atención a las características de la situación (tema, propósito, audiencia), ni revisan lo que van elaborando, ni dan importancia a los detalles. Tampoco dedican tiempo a hacer tentativas con diferentes tipos de esquema o gráfico; hacen uno y basta. Estas dos conductas coinciden a grandes rasgos con las de los redactores expertos y aprendices.

DIAGRAMA

Este diagrama de flujo tiene en cuenta estos datos y las recomendaciones de los manuales para componer recursos visuales eficaces. Representa el proceso mental que sigue un buen diseñador:

Proceso de elaboración de un recurso visual

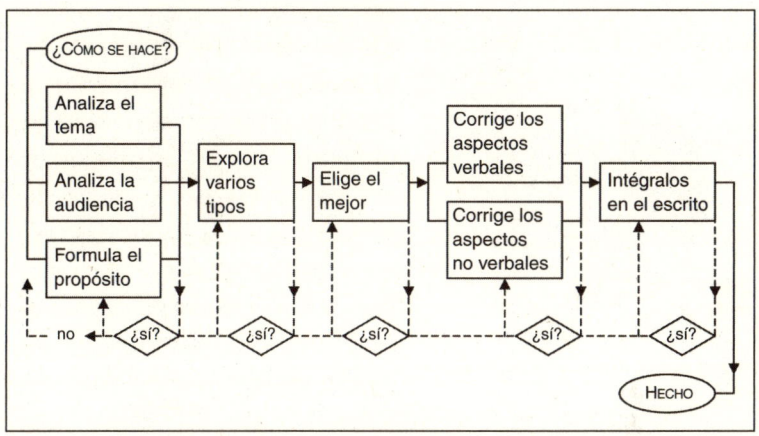

Las formas geométricas distinguen los elementos del proceso: los círculos marcan el inicio y el final; los cuadros, las operaciones cognitivas (analizar los datos o la audiencia, elegir una opción) o físicas (dibujar gráficos, corregirlos), y los rombos, las tareas de revisión, que se conectan con las operaciones con líneas discontinuas. Se evalúa cada tarea al acabarla (con el *¿sí?*): si la respuesta es positiva, se pasa a la siguiente; si es negativa, se repite. Así, el autor puede dar varias vueltas por el sistema a partir de los rombos de revisión, que pueden parar el trabajo o reanudarlo en cualquier punto.

Consejos

Fíjate en estos consejos para confeccionar el texto que acompaña a un recurso visual:

- **Identificación.** Hay que poner título a cada recurso para identificarlo. Incluso se pueden especificar en el pie las fuentes, el propósito u otros datos (magnitu-

des, descriptores) para poder interpretar el recurso al margen del escrito que lo contiene. No es raro que fotocopiemos o reproduzcamos por separado los esquemas, las tablas o los gráficos de un escrito, para usarlos en otro lugar; si los titulamos y los explicamos desde el principio, nos ahorraremos confusiones, porque los nuevos lectores, que intentarán comprenderlos sin conocer el texto original, tendrán suficientes datos para hacerlo.

- **Procesamiento.** El ojo lector se desplaza en principio de izquierda a derecha y de arriba abajo, por lo que debemos organizar los datos en este orden, como en este gráfico (extraído de Mathes y Stevenson, 1991: 363). Iniciamos la lectura con el trozo de pastel más grande *(Nunca)* y seguimos con el *A veces* en el sentido de las agujas del reloj.
- **Presentación.** La simplicidad en el diseño mejora la claridad. Un recurso visual debe ir separado del cuerpo del escrito, enmarcado con márgenes amplios y limpios. Conviene evitar las líneas innecesarias o muy gruesas. Evitemos las mayúsculas, que cargan la interlínea. Si conviene destacar el título, es mejor aumentar el tamaño de la letra minúscula.
- **Integración del recurso en el escrito.** Conviene elegir el lugar más idóneo de un escrito y de la página para insertar un recurso visual. También hay que avisar al lector sobre cuándo debe fijarse en este elemento y cómo. No presupongamos que el lector se espabilará por su cuenta.

Letra y dibujo

Veamos ahora un ejemplo de integración de prosa y dibujo. Queremos escuchar música en un aparato nuevo. Éstas son las instrucciones:

Mandos de un aparato de alta fidelidad

a. Interruptor general
b. Pantalla
c. Volumen
d. Casete
e. Radio
f. Disco compacto
g. Selector FM / AM
h. Selección de sonido
i. Conexión auricular

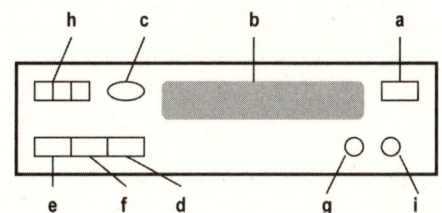

1. *Aprieta el interruptor general para poner en marcha el aparato*
2. *Elige el canal que interese*
3. *Comprueba la selección en la pantalla*

Para comprenderlas hay que relacionar tres elementos: la letra de cada mando (en el dibujo), la denominación de cada mando en la leyenda (lista izquierda) y la instrucción (abajo en cursiva). Nuestro ojo debe fijarse al mismo tiempo en estos tres puntos; pero es difícil, porque la disposición de las letras en el dibujo es aleatoria y el orden de los mandos en la leyenda tampoco se adecua a su uso secuencial. Además, los ojos tienen que saltar alternativamente del texto al aparato y viceversa. También tenemos que deducir que la segunda instrucción se realiza con el comando g. Y encima tenemos las manos ocupadas con el texto, el disco compacto, el mando a distancia, de modo que no podemos leer y ejecutar la acción al mismo tiempo... ¡Qué horror! Algo tan tonto como poner un disco se convierte en un suplicio, por unas instrucciones torpes. Perdemos el tiempo y los nervios...

Las instrucciones mejorarían integrando la prosa con la imagen: situando directamente la denominación de cada comando en el dibujo, en vez de las letras; haciendo dibujos individuales para cada instrucción u ordenando los mandos con racionalidad.

En cambio, está mejor resuelto el uso de la tipografía: la redonda para los componentes, la negrita para las letras y la cursiva para las instrucciones. Hoy disponemos de una gran variedad de recursos tipográficos –como muestra este esquema de llaves (Martínez de Sousa, 1992: 31)–, pero conviene usarlos con criterio.

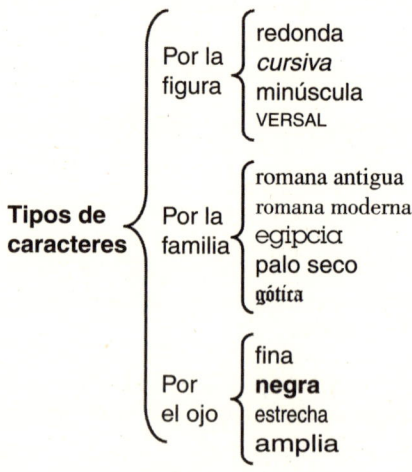

En definitiva, todas estas cuestiones quizá sean sólo minucias... Pero van sumando. Todo influye en la calidad final de un escrito.

11. TABLAS

> Una vez un contable me mostró contento la tabla numérica que acababa de hacer. «¡Está todo aquí!», dijo; «sólo debo añadir algunos párrafos para comentar lo más importante... ¡y ya está!» «¿Y lo entenderá, el lector?», le pregunté mientras observaba incrédulo aquel DIN A 4 repleto de casillas, cantidades, decimales y descriptores minúsculos.

Presentación

Las *tablas* transmiten sobre todo datos numéricos con cifras y casillas (porcentajes, cantidades, fracciones). Suelen tener una misma apariencia de rectángulo parcelado en casillas. Fíjate:

Original	Reformulación
Según la DIC, la morosidad por número de operaciones ha pasado del 3,50%, el 31.12.06, al 3,03%, el 31.10.07 en préstamos; del 20% al 5,26% en descuento y del 18,18% al 0% en cuentas de crédito, en el mismo período.	Según la lista DIC, la morosidad ha evolucionado así por número de operaciones (en porcentajes):

	31.12.06	31.10.07
préstamos	3,50	3,03
descuento	20	5,26
cuentas de crédito	18,18	0

Datos numéricos como éstos exigen una lectura reflexiva, porque hay que comparar cifra por cifra en varios parámetros. En la redacción convencional de la izquierda, eso se complica porque los datos están capturados linealmente en una estructura sintáctica. El lector debe avanzar y retroceder varias veces para contrastar los datos. En cambio, la tabla numérica de la derecha supera estas dificultades ordenando los datos en el espacio, liberándolos de su posición sintáctica y facilitando que el ojo del lector los vea al mismo tiempo y los compare como quiera.

Gracias a estas posibilidades expresivas, las tablas aportan muchas ventajas en la comunicación profesional. La necesidad de cuantificar muchos elementos (ganancias, pérdidas, modificaciones, márgenes de error, previsiones) en cifras mensurables, objetivas y comparables hace que se utilicen mucho. A veces una tabla puede ser más trascendente que el propio escrito –confesaba un autor.

Por eso conviene tener presente que las tablas también tienen limitaciones. Si son excesivamente exhaustivas, confusas o torpes, pueden estorbar más que ayudar –como sugiere la anécdota inicial.

Tipos

Turk y Kirkman (1989) diferencian dos tipos de tablas, según la situación, la función y la información que contengan: la *dependiente* y la *independiente:*

Tabla dependiente	Tabla independiente
Va en el interior del texto, se lee siguiendo el hilo expositivo y se inserta en un punto preciso.	Es autónoma, se puede leer aparte del texto y suele ir al final, en los anexos.
Informa al lector; argumenta, comenta, justifica puntos concretos de la exposición, en un apartado o sección.	Archiva información; complementa y amplía todo el documento. Puede utilizarse aparte del documento.
Lleva una selección de datos básicos y necesarios; suele ser simple, reducida.	Incluye todos los datos; es más completa y compleja. Va identificada e incluye las especificaciones necesarias para entenderse de manera autónoma: título, número, fuentes, magnitudes, etc.
Se lee fácil y rápidamente; el escrito la explica y comenta. Pone énfasis en lo relevante.	Exige más tiempo y atención. No incorpora explicaciones complementarias. Contiene todos los datos, sean relevantes o no.

Ambas tablas son compatibles en un mismo escrito, porque tienen funciones complementarias. Los textos más sofisticados las combinan para atender las necesidades de la audiencia. Las dependientes destacan lo más relevante para los lectores ocupados, que quieren hacerse una idea global en poco tiempo. En cambio, las independientes archivan en los anexos toda la información para el especialista que busca detalles. Las primeras pueden ser una parte o un componente de las segundas.

Otra diferencia radica en su elaboración. Es más útil construir primero las tablas independientes, con todos los datos, para tener una visión de conjunto e interpretar mejor un hecho. Las tablas dependientes pueden desgajarse fácilmente de las independientes, eliminando los datos irrelevantes o tomando partes del conjunto.

Líneas

En cuanto al diseño, hay tablas *abiertas* (sin rayas), *cerradas* (cada casilla va cerrada con 4 rayas) y *semicerradas* (con algunas rayas). Recordemos que las rayas no son gratuitas: ayudan al ojo a recorrer la tabla. Agrupan las casillas por franjas o columnas y separan los descriptores de los datos. Comprobémoslo. ¿Qué tabla te gusta más en la página siguiente? ¿Por qué?

Todas llevan la misma información, obviamente. Pero las rayas orientan el ojo a leer e interpretar los datos de manera distinta. La tabla A y la B dejan más libertad, sea porque cada casilla está cerrada (A) o abierta (B). En la primera quizá hay demasiadas rayas y en la segunda la falta de líneas transforma las casillas en una pila de datos confusos.

En cambio, las tablas semicerradas C y D orientan al lector en distintas direcciones. Con líneas horizontales, la C induce a leer de izquierda a derecha y a percatarse del incremento de melanoma a lo largo de los años. En cambio, la D, con líneas verticales, induce a leer por columnas, de arriba abajo, año por año, y a detectar un moderado incremento de melanoma en los hombres, en los últimos años. ¿Cuál es la más acertada? Depende de si pretendemos enfatizar una cosa u otra.

Defunciones en España por melanoma maligno

A

	1955	1960	1965	1970	1975	1980	1985	1990	1995
Hombres	7	8	18	30	59	86	180	265	350
Mujeres	5	7	16	25	59	95	129	203	289
Total	12	15	34	55	118	181	309	468	639

B

	1955	1960	1965	1970	1975	1980	1985	1990	1995
Hombres	7	8	18	30	59	86	180	265	350
Mujeres	5	7	16	25	59	95	129	203	289
Total	12	15	34	55	118	181	309	468	639

C

	1955	1960	1965	1970	1975	1980	1985	1990	1995
Hombres	7	8	18	30	59	86	180	265	350
Mujeres	5	7	16	25	59	95	129	203	289
Total	12	15	34	55	118	181	309	468	639

D

	1955	1960	1965	1970	1975	1980	1985	1990	1995
Hombres	7	8	18	30	59	86	180	265	350
Mujeres	5	7	16	25	59	95	129	203	289
Total	12	15	34	55	118	181	309	468	639

Supongamos que queremos poner énfasis en el incremento global de la enfermedad. Podemos ser todavía más persuasivos utilizando recursos como el grosor de la línea, para marcar el inicio y el fin de la tabla, o el entramado, para separar los descriptores de los datos:

E

	1955	1960	1965	1970	1975	1980	1985	1990	1995
Hombres	7	8	18	30	59	86	180	265	350
Mujeres	5	7	16	25	59	95	129	203	289
Total	12	15	34	55	118	181	309	468	639

CRITERIOS PARA HACER TABLAS

Además de las recomendaciones anteriores, hay que tener en cuenta estos aspectos:

Selección

Conviene adaptar el tipo y la forma de la tabla al propósito de la comunicación. Queremos consultar un horario de ferrocarriles con facilidad y rapidez, ¡además de poder guardarlo en la cartera! La mejor opción es una tabla independiente y semicerrada. Al contrario, la tabla que apoya la tesis de un dictamen, en las conclusiones, puede ser dependiente y abierta.

También es relevante preguntarse cuándo es preciso usar una tabla. Algunos escritos abusan y encierran en casillas todo tipo de datos, que difícilmente pueden aprovechar las ventajas de las tablas. Fíjate en este caso, en el que las rayas ahogan la prosa:

Recomendaciones preventivas

1	Evite tomar el sol en las horas punta, entre 11 y 15 h.
2	Lleve ropa protectora en las horas punta; no olvide una protección para la cabeza.
3	Evite el uso de aparatos de rayos uva, porque pueden provocar cáncer y envejecen la piel.
4	Utilice cremas con factores de protección elevados, resistentes al agua, si nada o hace ejercicio.
5	Póngase también crema protectora los días nublados, ya que los rayos ultravioleta pasan a través de las nubes.
6	Evite exponerse al sol si se está medicando; los fármacos incrementan la sensibilidad al sol.
7	Utilice protección si esquía. La nieve refleja la luz y la intensidad de los rayos aumenta con la altura.
8	Visite al médico si nota cualquier cambio anormal en la piel.

Estructura
1. Incorporemos en la tabla dependiente sólo los datos pertinentes. Los datos marginales o redundantes cargan al lector y acaban escondiendo lo relevante.
2. Incluyamos un solo dato por casilla. Las casillas que incorporan dos o más datos desorientan.
3. Pongamos sólo datos homogéneos que se puedan comparar. Las excepciones y las desviaciones entorpecen la simplicidad de una tabla.
4. Especifiquemos los descriptores o las magnitudes de los datos en la primera franja superior y en la primera columna de la izquierda. Éstas son las posiciones que ve primero el ojo. Así el lector podrá interpretar correctamente los datos del resto de casillas.
5. Evitemos los comentarios referidos a datos particulares (aclaraciones, excepciones), tanto si se añaden en el interior de una casilla, como si van a pie de tabla con notas. Estos comentarios ensucian la tabla con detalles y datos secundarios.
6. Ayudemos al lector a comprender una tabla complicada. Expliquémosle cómo debe leerla e interpretarla. Descompongámosla en varias tablas más simples. También:
   - Marquémosle las casillas importantes con una señal (entramado gris, asteriscos).
   - Hagámosle señales manuales sobre la impresión –por ejemplo, con rotulador fluorescente, signos de exclamación e interrogación. Así la tabla adquiere el valor afectivo del trazo manual.

EJEMPLO

Para terminar analizaré una tabla que contrasta las características de varias revistas internas de empresa. Compara el original y la reformulación (p. 144-145). ¡Qué diferencia! El original tiene varios defectos que la reformulación enmienda:

1. El orden de las columnas no se corresponde ni con la importancia ni con la organización interna de los datos. *Edición* debe ir al lado de *Entidad* porque describe el área que hace la revista. También es mejor que *Periodicidad* vaya con *Páginas*.
2. ¿Cómo se ordenan las empresas en la primera columna? El orden alfabético permite encontrar cada empresa y leer selectivamente. La reformulación también distingue *Rinfa 1* y *Rinfa 2*.
3. Algunas casillas son confusas:
   - *Periodicidad*. Las abreviaciones *men.* (mensual), *cuat.* (cuatrimestral) o *únic.* (única) se refieren a medidas temporales diferentes. ¿*bim.* quiere decir bimestral (un ejemplar cada dos meses) o bimensual (dos al mes)? La reformulación enmienda este embrollo: pone el número de ejemplares anuales. Así también procede en *Tintas*.
   - *Formato*. Es equívoco usar *diario* con valores diferentes en *Formato* (tamaño de periódico) y en *Papel* (tipo de papel). La reformulación usa *periódico* (en *Formato)* y *diario* (en *Papel)*.
4. En lo que respecta a la forma, la reformulación prescinde de las abreviaturas, evita las mayúsculas gratuitas, racionaliza la anchura de las columnas según su importancia, elimina las líneas blancas y pone rayas horizontales para acompañar el ojo en la lectura.

En resumen, la reformulación permite leer e interpretar la tabla con más comodidad.

Revistas de empresa *Original*

ENTIDAD	PERIODICIDAD	EDICIÓN	PÁGINAS	FORMATO	TINTAS	PAPEL
BBVB	Bim.	R. Humanos	32	diario	3 portada 1 contenido	diario
B. SINTANDER	Men	R. Humanos	75	revista	cuatricromía	estuc. mate
NITWEST ESPAÑA	Unic	Márketing	6	revista	cuatricromía	estuc. mate
NITWEST INGLAT	Men	As. Corpor.	20	diario	cuatricromía	offset
DEUTSCHBUNK ALE	—	Dep. Prensa	42	revista	cuatricromía	estucado mate
DEUTSCHBUNK INT	—	Dep. Prensa	54	revista	cuatricromía	estucado mate
COGER	Bim.	Inf. Interna	8	diario	2	estucado mate
C. CATALINA	Bim.	Com. e Imag.	4	diario	2	estucado mate
ECOREUIL	—	—	4	diario	2	offset
TELEFONINA	Men	Comunicación	27	diario	2 portada 1 contenido	diario
CORPO.ACPAR	Men	—	20	revista	1 (papel color)	offset
RIPSOL	Men	R. Humanos	20	revista	cuatricromía	estuc. mate
SUAT	Men	Com. e Imag.	58	revista	cuatricromía	estuc. brillante
RINFA	Men	C. Interna	24	diario	cuatricromía	offset
RINFA	Men	C. Interna	3	revista	2	offset
PALABRETTI	Men	Márk. y Publ.	20	revista	2	offset
HAL	Unic	—	54	revista	cuatricromía	estuc. brillante
NISTLU	Men	R. Públicas	40	revista	cuatricromía	estuc. brillante
HUGILVI	Cuat	—	12	revista	2	estucado mate
CORTE ESCOCÉS	Bim.	R. Públicas	48	revista	4 portada 2 contenido	estuc. mate

Revistas de empresa *Reformulación*

Entidad	Edición	Ejemplares anuales	Páginas	Formato	Tintas	Papel
BBVB	Recursos Humanos	6	32	periódico	1 (3 p.)	diario
Banco Sintander	Recursos Humanos	12	75	revista	4	mate
Caja Catalina	Comunicación e Imag.	6	4	periódico	2	mate
Coger	Información Interna	6	8	periódico	4	mate
Corporación Acpar		12	20	revista	color	offset
Corte Escocés	Relaciones Públicas	6	48	revista	2 (4 p.)	mate
Deutschbunk Alemania	Departamento Prensa	—	42	revista	4	mate
Deutschbunk Internac.	Departamento Prensa	—	54	revista	4	mate
Ecoreuil		—	4	periódico	2	offset
Hal		1	54	revista	4	brillante
Hugilvi		3	12	revista	2	mate
Nistlú	Relaciones Públicas	12	40	revista	4	brillante
Nitwest España	Mercadotecnia	1	6	revista	4	mate
Nitwest Inglaterra	Asociación Corporat.	12	20	periódico	4	offset
Palabretti	Mercad. y Publicidad	12	20	revista	2	offset
Rinfa 1	Comunicación Interna	12	24	periódico	4	offset
Rinfa 2	Comunicación Interna	12	3	revista	2	offset
Ripsol	Recursos Humanos	12	20	revista	4	mate
Suat	Comunicación e Imag.	12	58	revista	4	brillante
Telefonina	Comunicación	12	27	periódico	1 (2 p.)	diario

Abreviaciones: en *Tintas, p.* equivale a portada y *color* significa editada a todo color.

12. INSTRUCCIONES

> Son discursos discretos, silenciosos, eficaces. ¿Quién se fija en las pantallas del expendedor de billetes de tren?, ¿en las normas para entrar en la sauna?, ¿en las instrucciones para cambiar la funda del móvil? Si funcionan bien, pasan inadvertidas. Pero si fallan..., provocan desastres y frustraciones.

Presentación

Una conocida quiso probar una maleta de viaje recién comprada: la abrió, la cargó y la cerró con la cerradura de seguridad..., ¡pero luego no la supo abrir! Puesto que las instrucciones eran incomprensibles, tuvo que volver a la tienda con la maleta cargada... ¿Y si los alérgicos utilizaran erróneamente un inhalador nasal porque no entienden las instrucciones?, ¿y si enchufamos incorrectamente un calentador?, ¿o encendemos erróneamente una estufa?

No lo parece, pero las instrucciones son muy importantes. Y muy difíciles. Tienen numerosísimos lectores y muy variados. Deben ser infalibles, precisas, completas. Tratan de realidades no siempre simples ni descriptibles: una minúscula cerradura de seguridad, un inhalador nasal de plástico, un calentador... ¿No estás de acuerdo? Pues intenta redactar las instrucciones para abrocharse los zapatos, para freír un huevo o para encontrar el coche en un aparcamiento. ¡Verás qué quebradero de cabeza!

Tipos

Con el término *instrucciones* me refiero a todos los discursos que ordenan el comportamiento o establecen conductas, con imperativos, perífrasis de obligación, enumeraciones de acciones, listas de hechos, ilustraciones gráficas, etc. Son instrucciones las recetas de cocina, el código de circulación, las bases de un concurso, los manuales de uso de los electrodomésticos, los prospectos de los medicamentos, los contratos laborales o las guías de bricolaje. Este tipo de textos gobierna nuestras vidas.

Un tipo particular de instrucciones son los *procedimientos*, que fijan el funcionamiento de toda una empresa o institución, o que regulan una actividad. Es el caso de las leyes, los reglamentos, las normativas o las directrices, como por ejemplo los estatutos de una asociación, la operativa de un banco o el código de circulación. Así, el lenguaje administrativo y el jurídico tratan en parte de los procedimientos y de los textos instructivos. Pero aquí me centraré en los discursos más técnicos y menos estudiados.

Criterios generales

Las instrucciones deberían ser:

- **Para todo el mundo.** Para los *novatos*, que no saben nada, y para los *expertos*, que verifican detalles o solucionan problemas. Si son extensas, podemos distinguir varios «perfiles» de lector: hacer una *guía básica* para principiantes, fijar *itinerarios* para diferentes lectores (inicial, semiexperto, experto) o dejar los detalles más complejos para un *anexo final*.
- **Completas y precisas.** Lo deben tratar todo: todas las

funciones, todos los pasos, todas las condiciones o todas las características del objeto o tarea. Hay que detallarlo todo. No podemos dar nada por supuesto. Así, no siempre se especifica si la cara pintada de un CD/DVD debe ir arriba o abajo, cuando la pones en el reproductor –y no todo el mundo lo sabe ni va siempre igual. Un criterio ambiguo en las bases de un concurso puede llevar a un candidato a reclamar; una condición confusa en un contrato puede acabar en el juzgado.

- **Adecuadas.** Conviene ordenarlas para «servir» al lector. No hay estructuras universales ni un orden canónico. Cada escrito, cada situación, cada lector, son particulares y tienen una «lógica» propia. Conviene ordenar las prestaciones de un aparato según su frecuencia de uso –y no según el alfabeto o una clasificación técnica. Conviene agrupar las directrices de una empresa según su aprovechamiento –y no según su categoría técnica (económica, jurídica, administrativa). Las instrucciones inútiles hacen perder el tiempo a los lectores.
- **Manejables.** Además de comprenderse, cada instrucción debe ser operativa. El lector debe captarla con una lectura y debe poder ejecutarla sin dificultad. Por ello, cada instrucción debe ser autónoma, sin ambigüedades ni implícitos irrecuperables. Compara:

Sistema de recogida para muestras de orina	Recogida de orina
La muestra deberá ser de la primera micción. Utilice el recipiente para recoger la muestra despreciando su principio y fin. Llene los tubos con la orina recogida, tire la cantidad sobrante y el recipiente.	1. Recoja la primera orina de la mañana. 2. Recoja la muestra con el recipiente grande, despreciando la primera orina y la última. 3. Llene los tubos con la orina del recipiente. 4. Tire las sobras de orina y el recipiente.

- **Neutras.** Sin emotividad, ni cortesía, ironía o humor. ¿Te imaginas un *ten la amabilidad de apretar Control + F5?*, ¿o un *los candidatos deben tener menos de 30 años, por favor?* De ningún modo. Tampoco diríamos *no cometas la estupidez de comprar pilas de otra marca* ni aún menos *haz el favor de no exponer la máquina a altas temperaturas*. Evitemos las críticas implícitas, las valoraciones o el proselitismo, porque generan respuestas negativas.
- **Seguras.** Unas instrucciones confusas pueden provocar accidentes. Una vez rompí las lengüetas que aguantaban la bolsa de una aspiradora, porque no entendí los tres pasos necesarios para cambiar la pieza; repararla me costó dinero y tiempo... No es raro herirse cuando se manipulan herramientas para montar un mueble. Por eso, las instrucciones deben garantizar la seguridad de los lectores y el buen funcionamiento de un aparato. Se pueden incluir advertencias para prevenir los errores más frecuentes.
- **Cómodos.** Conviene prever cómo se usarán las instrucciones y adaptarlas a la situación. No las leemos sentados en butacas o en la mesa del despacho, sino frente a los fogones en la cocina, de pie, o en el comedor, agachados ante el DVD. Una vez estaba instalando una campana de humos montado en una escalera metálica, aguantando el aparato con una mano, un destornillador con la otra, mirando las instrucciones sobre un peldaño de la escalera... y llegué al final de la página. Al no tener las manos libres, tuve que bajar de la escalera, dejarlo todo y pasar la página, para continuar.

En la piel del lector

La mejor manera de escribir instrucciones es meterse en la piel del usuario, de la persona que las leerá. Eso nos puede hacer entender su «mirada». Así:

- *Prescinde del conocimiento privilegiado.* Quienes escribimos instrucciones somos los más entendidos en el tema. El lector no tiene ni nuestros conocimientos ni nuestras habilidades. Deberíamos ser capaces de prescindir de todo ello; deberíamos poder apretar un interruptor en el cerebro para desactivar todo este bagaje y poder redactar las instrucciones con la ignorancia del lector. Eso nos mostraría sus necesidades reales.
- *Sitúate en el marco de referencia del lector.* Hay que adoptar la óptica del lector: ¿cómo leerá las instrucciones?, ¿dónde?, ¿cómo las usará?, ¿qué utensilios necesitará? Por ejemplo, si describimos un objeto, conviene adoptar el ángulo de visión del lector. Evitemos expresiones como *a la derecha, a la izquierda, más adelante, debajo* o *arriba*. Estas expresiones se interpretan según la posición del lector, que no es segura... Además, muchos tenemos dificultades con la lateralidad. Es mejor decir *en la página 8, en el número 7 del dibujo* o *en el comando NR del amplificador*. Para lectores ancianos –y quizá enfermos– es útil hacer letra y dibujos grandes o usar papel grueso.
- *Evalúa las instrucciones con un lector.* Antes de terminar unas instrucciones, conviene probarlas. Que uno o más lectores próximos a los auténticos intenten ejecutarlas, mientras nosotros lo observamos. Descubriremos dificultades inusitadas, formulaciones ambiguas, vacíos.

Recomendaciones

Organización
- *Ponle título a cada grupo de instrucciones.* Puede ser la meta *(escuchar un disco)*, el producto final *(pastel de chocolate)*, el propósito *(solución de problemas)* o el tema *(normas de admisión)*. El título permite referirse a las instrucciones en otros puntos del discurso.
- *Fracciona las secuencias de instrucciones en partes manejables.* Una receta de cocina de 20 pasos es complicada; es mejor dividirla en tres partes de 7, 7 y 6 pasos. Las instrucciones breves tienen medida más humana. Según los manuales, la medida idónea son 7 u 8 pasos.
- *Orienta al lector.* Indica si hay varias maneras de lograr un propósito o más de un itinerario para una misma función. Las referencias cruzadas y los títulos ayudan al lector. Algunos recursos visuales contribuyen a aclarar la información, como esta tabla de problemas y soluciones:

Problema	*Solución*
El aparato no se pone en marcha.	¿Está enchufado? Asegúrese de que haya corriente. Compruebe que todos los componentes están conectados. Pág. 12.
El ratón no funciona.	Compruebe que el ratón está conectado a la unidad. Reinicie el sistema. Pág. 34.
La pantalla se ha oscurecido de golpe y no se enciende.	Avise al servicio técnico. Pág. 56.

- *Complementa las instrucciones.* Puede ser útil añadir en las instrucciones otros datos como la lista de materiales, herramientas o ingredientes necesarios para cumplir la tarea. Incluso podemos definir los términos nuevos o hacer advertencias. Por ejemplo, *atención: no exponga el aparato al sol y no lo moje.*

Redacción
- *Elige el término más adecuado.* En lugar de decir *caliente* o *frío* detalla la temperatura, porque una pequeña diferencia de grados puede estropear un guiso. Al recomendar un botiquín de viaje, indica que lleven *antihistamínicos, analgésicos* y *antibióticos de espectro amplio* en lugar de *medicamentos básicos*. Pero a veces es suficiente con palabras corrientes. Al receptáculo que aloja el CD en una minicadena, ¿hay que denominarlo *plataforma portadiscos, apoyo digital* o *bandeja*? La mejor opción es *bandeja*, aunque sea menos precisa.
- *Selecciona la persona verbal adecuada.* El tratamiento de *tú (evita los términos)* o *usted (evite)* en imperativo son más claros que la impersonalidad *(se evitan)* o los infinitivos *(evitar)*, que esconden al sujeto. Así nos dirigimos directamente al lector.
- *Empieza con el verbo.* Iniciar cada instrucción con el verbo, seguido de los complementos, hace más clara la prosa. Lo primero que ve el lector, al principio de cada línea, es lo que debe hacer.
- *Evita las negaciones, siempre que sea posible.* Ya hemos visto que las negaciones no son transparentes. Es mejor positivizarlas, si hay opción. Es mejor *usa bencina sin plomo* que *no uses bencina normal*. Pero a veces puede ser artificioso: *no toques el líquido con las manos* tiene más fuerza que *evita tocar el líquido con las manos*, ¿verdad?
- *Elimina las repeticiones.* Es absurdo repetir una instrucción. Puesto que podemos leerla tantas veces como haga falta, es mejor ser sintéticos. La paja esconde el grano. Si no, compara esta instrucción para encender un calentador de gas:

Es conveniente que mantengas apretado con el dedo el piloto del calentador, durante 10 segundos, hasta que no se regularice la salida de gas y la llama del piloto no se estabilice.	Pulsa durante 10 segundos el botón del piloto del calentador.

- *Homogeneidad.* Sean cuales sean las opciones sintácticas elegidas, conviene mantenerlas a lo largo de las instrucciones. Es un error iniciar una recomendación con un sustantivo –como aquí, con *homogeneidad*– si el resto de elementos utilizan un verbo personal. Sería mejor decir: *Sé homogéneo.*

Presentación
- *Elige los recursos visuales más adecuados.* Es más sencillo referirse a los mandos del coche con dibujos, gráficos y símbolos, que con palabras. Un gráfico bien hecho resuelve muchos problemas, aunque no es tan fácil como parece (p. 135).
- *Numera los pasos.* Hay que numerar correlativamente cada instrucción. Hay que mantener la misma numeración a lo largo de la secuencia; preferir las cifras arábigas (1, 2, 3) a las romanas (i, ii, iii) y a las letras (a, b, c) porque son más claras, y usar decimales en las secuencias largas (1.1; 1.2; 2.1; 2.2), sin abusar.

Ejemplo

Acabo con la reformulación de las normas de un muro de escalada de un gimnasio. Éste es el original:

Muro de escalada

Deportivo Anillas
Normativa de uso
EL MURO DE ESCALADA SE RIGE POR UNAS NORMAS DE USO. TODOS LOS USUARIOS DEBERÁN SEGUIR ESTAS NORMAS Y LAS OBSERVACIONES INDICADAS POR LOS PROFESORES, SOCORRISTAS O CUALQUIER OTRO TRABAJADOR DEL DEPORTIVO ANILLAS. SI, REITERADAMENTE, LAS OBSERVACIONES NO SON ATENDIDAS, EL USUARIO ESTARÁ OBLIGADO A ABANDONAR LAS INSTALACIONES.

1. El Muro es un espacio deportivo de uso restringido. El acceso sólo está permitido a los socios mayores de 18 años y a los mayores de 16 años con autorización escrita de los padres. Para la práctica del nivel 2 se recomienda estar en posesión de la licencia federativa actualizada en ambos casos. No podrán acceder las personas con entrada puntual ni los cursillistas no socios.
2. Este servicio no está cubierto por el seguro de accidentes del Deportivo Anillas. Por eso es el usuario quien asume las consecuencias derivadas de accidentes por su uso.
3. Deben conocerse las nociones básicas de las técnicas de escalada y mantener en todo momento una actitud de prudencia.
4. Utilice la ropa deportiva y el calzado adecuado («pies de gato» o similar). En ningún caso se podrán usar zapatillas de deporte o cualquier tipo de calzado con suelas de plástico.
5. Utilice el material de seguridad propio de la escalada: <u>arnés, cuerda y un compañero que asegure</u> para subir por encima de la línea roja (nivel 2).
6. Mecanismo de funcionamiento:
   - Todos los socios interesados deben formalizar una solicitud. Encontrarán las hojas correspondientes en el Control de acceso. Hay que adjuntar la fotocopia de la licencia federativa.
   - Existen dos niveles de utilización: nivel 1 o elemental, que permite hacer uso del muro por debajo de la línea roja. Nivel 2 o avanzado, que permite ascender más arriba de la línea roja. En este último caso, se entregará un distintivo que habrá que llevar en un lugar muy visible mientras se está escalando.
   - En pocos días, si se acepta la solicitud, recibirá una autorización de la entidad.
   - La puerta del muro de escalada se cierra con llave. Pídala en el Control de acceso presentando la autorización.

- Cuando se marche hay que dejar la puerta otra vez cerrada, exceptuando en el caso de que se quede otro escalador que tenga llave.
7. Colabore con nosotros para minimizar los riesgos derivados de un mal uso del muro de escalada y no deje acceder a nadie que no tenga autorización (no tendrá llave).
8. Para quien quiera aclaración, consulte a los responsables de la sala de musculación y siga sus indicaciones.
9. Todos juntos debemos respetar y hacer respetar esta normativa. Es la mejor garantía para un buen uso del muro de escalada. [*449 palabras*]

Este original mezcla las normas de acceso con las condiciones de uso, es redundante *(el muro de escalada se rige por unas normas, deberán seguir estas normas, es de uso restringido)* y combina opciones sintácticas diversas *(recibirá, encontrarán, hay que dejar, todos juntos debemos aceptar)*. Respecto al diseño, las líneas anchas dificultan la lectura, y los párrafos tienen sangrados erráticos. Compara esta reformulación:

DEPORTIVO ANILLAS **Normativa del muro de escalada**

Acceso
- Restringido a los socios mayores de 18 años y a los mayores de 16 con autorización escrita del tutor.
- Se requiere una autorización especial, que se obtiene previa solicitud en conserjería.
- El nivel superior (marcado con la línea roja) es para los escaladores federados, que deben lucir un distintivo especial en un lugar visible.
- Se entrega la llave de acceso en conserjería, al mostrar la autorización. Al terminar, hay que cerrar la puerta y devolverla. No se permite la entrada a los no autorizados.
- Nuestro seguro de accidentes no cubre este espacio: los usuarios se responsabilizan de cualquier incidencia.

Uso
1. Usar material de seguridad propio de la escalada: *arnés, cuerda,* etc.

> 2. Usar ropa y calzado adecuados: *pies de gato* o similar. Está prohibido el calzado deportivo y las suelas de plástico.
> 3. Acceder al nivel superior sólo cuando un compañero pueda asegurar la escalada.
> 4. Escalar sólo si se conocen las nociones y técnicas básicas. Mantener una actitud prudente.
> 5. Consultar cualquier duda al personal de la sala de musculación.
>
> ！！！ Esta normativa es obligatoria para todos. Incumplirla comporta la expulsión del Deportivo. Respetémosla y hagámosla respetar. [*202 palabras*]

¡Qué cambio! La reformulación utiliza menos de la mitad de palabras, elimina lo redundante y lo obvio, distingue las normas de acceso de las condiciones de uso, homogeneíza el estilo y la tipografía. Todo ello hace más legible el documento.

13. CORRESPONDENCIA

> Las cartas son buenas embajadoras de los autores y sus empresas. Si son breves, claras y corteses, ayudan a cumplir las funciones que tenían asignadas y ayudan a los lectores a cumplir con su tarea.
>
> JOHN A. FLETCHER
> y D. F. GOWING, 1988: 83

PRESENTACIÓN

La correspondencia es un auténtico *motor* de muchas organizaciones. Sea por carta, por oficio o por correo electrónico, resolvemos expedientes, hacemos pedidos, tramitamos reclamaciones, formalizamos acuerdos y negociamos conflictos. Estos escritos breves y rápidos ejecutan buena parte de las transacciones laborales y reflejan la identidad, los valores y las prácticas sociales de las empresas y las instituciones.

En una ocasión tuve que redactar un formulario de cartas comerciales para una empresa. Cada *mailing* indirecto era un *instrumento de negocio* para captar clientes, mostrarles fidelidad y atender a sus peticiones. En un mundo cada vez más competitivo y globalizado, la calidad comunicativa es un valor indispensable. Los ciudadanos elegimos las empresas que nos escriben en nuestra lengua, con claridad, pulcritud y eficacia. O eso es lo que cada vez más personas hacemos.

Acabo con algunas consideraciones sobre la correspondencia. No haré diferencias entre cartas, oficios, correos electrónicos o comunicados internos, ni repetiré las obviedades corrientes sobre la estructura o la presentación. Me centraré en la estrategia comunicativa, en la retórica y en el estilo.

Decir no con elegancia

Arrancamos con un ejercicio con trampa. No siempre es fácil responder *sí* o *no* a una invitación, una propuesta o un proyecto. Hay que procurar que los lectores acepten la respuesta: que no se molesten, que se no creen falsas expectativas... Los criterios por los que se ha dado un sí o un no también deben quedar claros, porque después vendrán nuevas peticiones que habrá que responder de modo congruente con la primera.

Muchas empresas reciben peticiones de patrocinio: colaborar en la fiesta mayor del barrio, en una carrera popular, en una campaña para enviar medicamentos a África, etc. Aquí hay dos respuestas a una de estas peticiones, siguiendo varias estrategias comunicativas. Dos de ellas son sensatas, atinadas, pero hay dos más que son un error... A ver si las encuentras.

Respuesta positiva	Respuesta negativa
Asociación de voluntarios del Barrio Antiguo	**Asociación de voluntarios del Barrio Antiguo**
Querido amigo:	Distinguidos señores:
Te agradezco tu escrito del pasado 2 de octubre en el que me presentas la campaña *Abuelos con compañía*, y te comunico que estamos contentos de poder colaborar.	Les agradecemos su escrito del pasado dos de octubre en el que nos presentan la campaña *Abuelos con compañía*, y la posibilidad que nos ofrecen de colaborar.
Para concertar los detalles de la colaboración, convendría que te pusieses en contacto con nosotros y que concertásemos una entrevista. Así podremos hablar de la organización de	Como ya saben, nuestra entidad tiene un programa de apoyo a las actividades sociales. Debido al número elevado de peticiones que recibimos y a los recursos moderados que tiene

la campaña y buscar la mejor forma de colaborar.

Mientras tanto, recibe un cordial saludo.

Maria Josep Vilaplana
Directora

Granollers, 7 de octubre de 2005

una oficina pequeña como la nuestra, forzosamente debemos limitar nuestra acción.

Anualmente elaboramos un plan global de patrocinios y este año, en estas fechas, ya está cerrado. Por eso, a pesar de valorar el interés de las tareas que hace su asociación, nos vemos obligados a declinar su ofrecimiento.

Si lo creen conveniente, para próximas ocasiones pueden visitarnos con más antelación. Estaremos contentos de escuchar sus propuestas y de informarles de las características de nuestras ayudas y de los trámites y de los plazos para solicitarlas.

Atentamente,

Maria Josep Vilaplana
Director

Granollers, cuatro de diciembre de 2005

¡Cuántas diferencias! Pero no todo es correcto: hay dos trampas. Las estrategias buenas son:

- *Situar el mensaje principal en el punto más idóneo.* En la respuesta positiva, al inicio; así el lector lo lee enseguida y puede continuar leyendo la carta con mejor ánimo. Por el contrario, en la respuesta negativa, el mensaje principal va al final, después de justificarlo. Si lo ponemos al principio, el lector puede molestarse y suspender la lectura de la carta, sin llegar a entender el porqué de la negativa. En cambio, ubicado al final, el lector debe leer primero los motivos y puede comprender mejor por qué no ha obtenido una respuesta positiva.

- *No presentar por escrito los datos más delicados.* La respuesta positiva es más corta que la negativa. Remite a una cita personal: la estrategia del autor es citar al lector a un encuentro para hablar de los detalles (cantidad de dinero, tipo de ayuda, etc.), de manera que no quede escrito ningún dato comprometedor. Lo escrito queda en posesión del lector, que lo puede utilizar en otro momento... ¡Qué compromiso! Por eso las cartas profesionales suelen ser parcas.

¿Dónde están las trampas? Quizá en aquello que habías pensado que eran buenas estrategias... Primero en el tratamiento del destinatario: es un error usar el *tú* más próximo para decir sí y el *usted* más distante para decir no. Los lectores no son estúpidos y se percatarían de ello, al recibir cartas de signo diferente. ¡Qué feo! Hay que tratar siempre al lector con cordialidad, al margen del contenido. Que sea *usted* –lo más corriente– o *tú/vosotros* depende sólo del grado de conocimiento mutuo y confianza.

La segunda trampa[1] está relacionada con la fecha. Si la petición se ha formulado el *2 de octubre,* la respuesta positiva tardaría sólo cinco días en llegar, mientras que la negativa, dos meses... También es mala política buscar la dilación premeditada para decir no. Al contrario, hay que responder todas las peticiones con prontitud, al margen del mensaje. Tenemos mejor opinión de las empresas que responden rápido que de las que tardan en hacerlo –¡y ya no digamos de las que no lo hacen!

---

1. Hay dos trampas más: poner con letras los días del mes y no feminizar el cargo de *Director,* ambos en la carta de la derecha. Las fechas se escriben con cifras en la mayoría de documentos, excepto en algunos de tipo jurídico, por seguridad. Y todos los nombres de cargos se feminizan cuando se refieren a mujeres.

Estrategia

El cuadro de la página siguiente completa las estrategias anteriores y añade otro tipo de correspondencia: la persuasión.

La correspondencia persuasiva es la más difícil, porque no hay relación previa con el lector. Éste no espera ni desea nada de nuestro escrito. Además, tampoco se puede dar mucha información. La estrategia consiste en «picar» al lector para que se anime a tomar la iniciativa, a solicitar más datos, a participar en otra actividad de promoción, etc. Veamos un ejemplo:

	Carta persuasiva de venta
Saludo personal	Querida señora Aceves:
Preguntas para atraer	¿Quiere cambiar el coche? ¿Le gustaría comprarse un ordenador? ¿Tener unas buenas vacaciones? ¿Tiene otros proyectos? Nosotros la podemos ayudar a cumplir estos deseos.
Ofrecimiento	Tenemos el préstamo que se adapta a sus necesidades, con muy buenas condiciones:
Lista esquemática de ventajas	• Le dejamos el dinero que le haga falta. • Podrá devolverlo cuando y como quiera, en cómodos plazos. • Puede obtenerlo ahora mismo, sin dificultad y con pocos documentos.
Invitación a la acción *Alusión a los proyectos personales*	Venga a vernos o llámenos al teléfono 123 45 67. Le facilitaremos todos los detalles del préstamo y le ayudaremos a hacer realidad sus ilusiones. ¡Es muy fácil! Ya lo verá.
Saludo cordial	Muy cordialmente.

¿Quizá te parece insulsa? ¿Habría que ser más decisivo?, ¿más contundente o agresivo? Quizá así: *Sabe usted que cada año pierden la vida en las carreteras españolas X personas? ¿Que hay cada año X huérfanos nuevos? Contrate un seguro de vida para garantizar el futuro de sus hijos.*

¡Uf! ¡Qué horror! A mi parecer, este tipo de mensajes son

Estrategias comunicativas

	Mensaje positivo	Mensaje negativo	Mensaje persuasivo
Tipo	El mensaje beneficia al destinatario. Será bienvenido, agradecido.	Le perjudica. No es bienvenido ni agradecido. Habrá resistencia.	El destinatario no espera nada. El mensaje es potencialmente interesante.
Propósito	Transmitir la buena nueva.	Transmitir la mala noticia de manera neutra y hacer que se comprenda.	Convencer. Generar interés. Pasar a la acción.
Ejemplos	Patrocinios concedidos, premios ganados, invitaciones y quejas aceptadas, respuestas afirmativas, agradecimientos y felicitaciones.	Patrocinios denegados, invitaciones y quejas rechazadas, respuestas negativas, infracciones e incumplimientos.	Peticiones, promoción de productos y servicios, invitaciones personales, venta, publicidad.
Estructura	1. **Información central**. 2. Circunstancias y detalles. 3. Felicitación y cierre agradable.	1. Mención del tema. 2. Exposición de circunstancias, justificaciones y argumentos. 3. **Información central**. 4. Cierre positivo.	1. Introducción-*cebo*. 2. **Información central**: ventajas, utilidades, argumentos. 3. Invitación a la acción.
Comentarios	• Mantener el tono correcto. • Evitar el paternalismo y la prepotencia.	• Mantener el tono educado y formal. • No hacer reprobaciones. • Evitar el tono crítico, la ironía encubierta o el sarcasmo.	• Adoptar el punto de vista del lector. • Buscar concreción. • Ser breve y limitar la información. • No exagerar ni confundir.

inmorales, porque se basan en el chantaje emocional. Incluso en el hipotético caso de que fuesen efectivos, habría que erradicarlos.

También hay que ser cauto con los consejos que proponen los manuales de mercadotecnia, cuando plantean repetir varias veces el nombre de la empresa porque así la retenemos mejor, o poner el mensaje importante en una nota a pie de página, porque supuestamente es lo último que leemos y recordamos más. ¡Qué ingenuidad! Este tipo de recomendaciones tiene escasa base científica. Ni leemos todos de la misma forma, ni retenemos más lo que está repetido, ni leemos siempre siguiendo el orden en el que aparecen las oraciones o los párrafos.

Estilo

Para acabar, fijémonos en el estilo y el tono. Hagámoslo con la respuesta a una queja, que es otra transacción delicada. Compara el original que se envió y la reformulación:

No está tan mal el original de la izquierda... ¡Ya nos gus-

Original	Reformulación
Respuesta a la queja 2/04 de la señora Castro.	Señora Castro:
Nos dirigimos a usted en relación con la solicitud expresada mediante la instancia presentada el día 8 de enero de 2004 referente a la recepción de la información municipal a nombre de su difunto marido.	Respondemos a su escrito del 8 de enero, en el que nos informa de que aún recibe nuestra correspondencia a nombre de su difunto marido. Le pido disculpas, en nombre del Distrito, por los inconvenientes que le haya causado esta situación.
Le informamos de que las direcciones de los ciudadanos a quien remitimos las informaciones del Distrito son extraídas de las listas del padrón. Estas listas las revisamos una vez al	Hemos hecho las gestiones oportunas para que se cambie el nombre lo más pronto posible. Pero debe saber que las direcciones donde enviamos la correspondencia provienen del pa-

año y se realizan los cambios que se hayan ido produciendo. Hay que tener presente que estos cambios comportan un tiempo más o menos largo en función de las variaciones que se hacen. Por eso hay un retraso en el cambio de nombre en lo que usted recibe en su casa. Prevemos que en un tiempo corto el nombre será cambiado.

Aprovechamos la ocasión para agradecerle que se haya puesto en contacto con nosotros para hacernos llegar sus observaciones, ya que sin ellas no podríamos ir mejorando nuestro trabajo. Igualmente le pedimos disculpas por los inconvenientes que le hayamos podido causar. [*175 palabras*]

drón municipal y que este sólo se actualiza una vez al año, dado que es costoso y lento. Eso explica que haya retrasos inevitables entre las peticiones de cambio y su ejecución. Esperamos su comprensión de este hecho.

Le agradecemos que se haya puesto en contacto con nosotros para hacernos llegar sus observaciones. Nos ayudan a mejorar.

Quedamos a su disposición.

Atentamente, [*132 palabras*]

taría que toda la correspondencia tuviese este nivel! Pero la reformulación es mejor, sin duda. Primero, sigue la estrategia propuesta: se excusa al principio, quizá expone con más claridad que el caso de la señora Castro tiene difícil solución, y acaba con un cierre positivo.

Pero lo que toca analizar ahora es el estilo. La reformulación tiene 40 palabras menos. Utiliza un estilo más sencillo, con frases más cortas y directas. Elimina el estilo burocrático del original: los términos administrativos *(solicitud, instancia)*, las palabras más formales *(la recepción de la información, aprovechamos la ocasión para)* y la complejidad sintáctica *(en relación con, referente a, son extraídas)*.

La reformulación busca acercarse a la ciudadana Castro y hablarle con su propio lenguaje. Hacerle sentir que el ayuntamiento la entiende y hace lo posible para solucionar sus problemas. Sólo de esta manera, esta viuda –y cualquiera de nosotros– mantendrá su confianza en él.

EPÍLOGO

Una de las cosas que constaté mientras trabajaba como profesor de redacción en varias empresas es la relevancia que tiene la escritura. He escrito *constatar* porque ya sabía, como lingüista y como docente universitario, que *saber escribir otorga poder*. Pero en los libros es sólo una idea teórica –y bonita–; y en las universidades, una verdad descafeinada. En cambio, en el entorno laboral se reveló con una fuerza inusitada, de una manera descarnada, grave y variada.

De pronto, el empleado que sabía escribir conservaba el empleo en la central de un banco, mientras el resto era enviado a «galeras» (a las oficinas), en un proceso de reducción de plantilla. Un pronombre sin referente en unas normas hacía perder miles de euros a una institución. La queja de un cliente importante quemaba en las manos del empleado de relaciones públicas que debía responderla. Un licenciado en ciencias empresariales, experto en análisis de empresas, temblaba ante la jefa, que le corregía el informe final. Una directora se irritaba al revisar una auditoría chapucera que le debería haber resuelto un problema y que, por el contrario, creaba otro nuevo.

Me percaté de que la escritura se utiliza también para ejercer el poder; que refleja los valores y las concepciones de las personas y de la comunidad. Un jefe despótico exigía a sus empleados que pusieran mayúscula inicial a *Director* y *Directores* –aunque no tuviese razón. Los hombres sonreían entre sí y a escondidas, al escuchar que había que feminizar los nombres de cargos y profesiones cuando se referían a mujeres. Muchos empleados confesaban que redactaban sus escritos de un modo determinado, sólo porque siempre se había hecho de aquella manera.

Está claro que los discursos están cambiando, al igual que los tiempos –como dice el poeta. Hoy en muchas empresas, el programa de presentación multimedia *(Powerpoint, Impress)* está sustituyendo al procesador de textos *(Word, Wordperfect)* en la confección de informes, propuestas y otros escritos. Las operativas se escriben cooperativamente en internet con wikis internas. Las quejas se tramitan en línea. Cada vez más transacciones comerciales se hacen con pantallas táctiles o en la web, en lugar de llamar por teléfono o enviar cartas. Y todo eso exige nuevos géneros y formatos, y nuevas reflexiones sobre la estrategia comunicativa. Cambian las formas y el estilo de los discursos, pero no pierden nada de poder.

Confío en que esta *Guía* nos predisponga también ante estos nuevos retos. *Afilar el lapicero* pretendía enseñar a pescar en lugar de despachar meros o sardinas. Los ejemplos eran excusas para descubrir el razonamiento y los criterios que hay detrás del discurso. Por eso he insistido en razonar el porqué y el cómo. He contrastado los pros y los contras de cada opción.

No hay nada bueno o malo *per se*, ni recomendaciones que sean absolutas. No hay recetas ni trucos mágicos para comunicar. Todo depende del propósito, del lector, del contexto. Cada discurso es irrepetible. Sólo cuando tenemos claro qué queremos decir y cuando conocemos los recursos para hacerlo, sabemos elegir la mejor opción. ¡Que así sea!

BIBLIOGRAFÍA

AVUI. (1997) *Llibre d'estil.* Empúries: Barcelona.

BARRASS, Robert. (1978) *Scientists Must Write. A Guide to Better Writing for Scientists, Engineers and Students.* Londres: Chapman & Hall.

BARRUECO, Sebastián, HERNÁNDEZ, Esther, y Lina SIERRA. (1993-1996) *Lenguas para fines específicos. Investigación y enseñanza.* Alcalá de Henares: Universidad de Alcalá de Henares.

BERROU, Jean-Paul. (1992, versión castellana) *Bien écrire en affaires.* París: Dunod. Versión castellana: *Para escribir bien en la empresa. Cómo redactar para ser leído y convencer.* Bilbao: Deusto.

BLICQ, Ron S. (1990) *Guidelines for Report Writing.* Ontario: Prentice-Hall, 2.ª ed.

BOIARSKY, Carolyn. (1993) *Technical Writing. Contexts, Audiences, and Communities.* Boston: Allyn and Bacon.

BOSQUE, Ignacio, y Violeta DEMONTE. (1999) *Gramática descriptiva de la lengua española.* Madrid: Espasa.

BRAM, V. A. (1978) «Sentence Construction in Scientific and Engineering Texts». En: *IEEE Trans. Prof. Commun.*, PC-21: 162-164. Reimpreso en Harkins y Plung, 1982: 146-148.

BRASSEUR, Lee Ellen. (1990) *The Visual Composing Process of Graphs, Chart and Table Designers,* University of Michigan, Ann Arbor.

BRUSAW, Charles T., ALRED, Gerald J., y Walter E. OLIU. (1987) *Handbook of Technical Writing.* Nueva York: St. Martin's Press, 3.ª ed.

CABRÉ, M. Teresa. (1992) *La terminologia. La teoria, els mètodes, les aplicacions.* Barcelona: Empúries. Versión española: *La terminología. La teoría, los métodos, las aplicaciones.* Barcelona: Antártida, 1993.

CANADIAN LAW INFORMATION COUNCIL. (1986) *Plain Language and the Law.* (ejemplar multicopiado)

CASSANY, Daniel. (1990) «Enfoques didácticos para la enseñanza de la expresión escrita», *CLE*, 6: 63-80. *www.upf.es/dtf/personal/danielcass/enfoques.htm* <18-4-06>

—. (1993) *La cuina de l'escriptura.* Barcelona: Empúries. Versión castellana: *La cocina de la escritura.* Barcelona: Anagrama, 1995.

—. (1995) *Intervencions en la comunicació escrita de les organitzacions.* Tesis doctoral. Universidad de Barcelona. Microficha.

—. (2006) *Taller de textos. Leer, escribir y comentar en el aula.* Barcelona: Paidós.

COROMINA, Eusebi. (1991) *Manual de redacció i estil.* Vic: El 9 Nou / EUMO.

DAVIS, Richard M. (1976) «Does Expression Make a Difference?», *Technical Communication*, 23: 6-9. Reimpreso en Harkins y Plung, 1982: 143-145.

DELISAU, Sergio. (1986) *Las comunicaciones escritas en la empresa.* Barcelona: Vecchi.

Diccionario de la edición y de las artes gráficas. (1990). Madrid: Fundación Germán Sánchez Ruipérez. Biblioteca del Libro.

DUQUE GARCÍA, M.ª Mar. (2000) *Manual de estilo. El arte de escribir en inglés científico-técnico.* Madrid: Paraninfo.

EAGLESON, Robert D. (1990) *Writing in Plain English.* Canberra: Australian Government Publishing Service.

EL PAÍS. (2002) *Libro de estilo de El País.* Madrid: El País, 16.ª ed.

EL PERIÓDICO DE CATALUNYA. (2002) *Llibre d'estil El Periódico.* Barcelona: Primera Plana.

FERNÁNDEZ LAGUNILLA, Marina. (1999) «Las construcciones de gerundio», en Bosque y Demonte. Volumen 2: 3443-3503.

FLESCH, Rudolf, y A. H. LASS. (1947) *A New Guide to Better Writing*. Nueva York: Warner Books, 1982.

FLETCHER, John, A., y D. F., GOWING. (1988, fecha de la traducción) *The Business Guide to Effective Writing*. Londres: Kogan Page Ltd. Versión castellana: *La comunicación escrita en la empresa*. Bilbao: Deusto.

FLOWER, Linda. (1985) *Problem-solving Strategies for Writing*. San Diego: Harcourt Brace Jovanovich, 2.ª ed., 1989.

FRANCE-PRESSE. (1982) *Manuel de l'agencier*. Edición multicopiada.

GOULD, Jay R., ed. (1978) *Directions in Technical Writing and Communication*. Nueva York: Baywood.

HALLIDAY, Michael A. K. (1989) *Spoken and Written Language*. Oxford: Oxford University Press.

HARKINS, Craig, y Daniel L. PLUNG., ed. (1982) *A Guide for Writing Better Technical Papers*. Nueva York: IEEE Press.

HAWES, Clinton, y Craig HARKINS. (1968) «Writing an Abstract Months Before the Paper», *Technical Communications*, 4.º, 15: 16-19. Reproducido en Harkins y Plung, 1982: 92-94.

— «La Caixa». (1991) *Llibre d'estil de «la Caixa»*. Barcelona: «La Caixa».

KERBRAT-ORECCHIONI, Catherine. (1980) *L'Énonciation. De la subjectivité dans le langage*. París: Armand Colin. Versión castellana: *La enunciación. De la subjetividad en el lenguaje*. Buenos Aires: Paidós.

KIRKMAN, John. (1992) *Good Style. Writing for Science and Technology*. Londres: E. & F.N. Spon.

KOCOUREK, Rostislav. (1991) *La langue française de la technique et de la science*. Wiesbaden: Brandstetter, 2.ª ed.

LA VANGUARDIA. (2004) *Libro de redacción de La Vanguardia*. Barcelona: Ariel.

LA VOZ DE GALICIA. (1992) *Manual de estilo de La Voz de Galicia*. Biblioteca gallega DL.

LÉRAT, Pierre. (1995) *Les Langues spécialisées*. París: Presses Universitaires de France.

MARI MUTT, José A. <9-4-06> *Manual de Redacción Científica*. Departamento de Biología, Universidad de Puerto Rico, Mayagüez, Puerto Rico. *http://www.caribjsci.org/epub1/*

MARTÍNEZ DE SOUSA, José. (1992) *Diccionario de Tipografía y del Libro*. Madrid: Paraninfo, 3.ª ed.

MATHES, John C., y Dwight W. STEVENSON. (1991) *Designing Technical Reports. Writing for Audiences in Organizations*. Nueva York: McMillan, 2.ª ed.

MENDIKOETXEA, Amaya. (1999) «Construcciones inacusativas y pasivas» y «Construcciones con *se:* Medias, pasivas e impersonales», en Bosque y Demonte. Volumen 2: 1575-1722.

OLIVER, Sònia. (2004) *Análisis contrastivo español/inglés de la atenuación retórica en el discurso médico*. Barcelona: Universidad Pompeu Fabra. Tesis doctoral. *http://www.tdcat.cesca.es/*

PEARSALL, Thomas. (1969) *Audience Analisis for Technical Writing*. Glencoe. Traducción parcial: *Técnicas de lectura rápida*. Bilbao: Deusto. 1992: 9-20.

PERFECT, Christopher. (1994) *Guía completa de la tipografía. Manual práctico para el diseño tipográfico*. Barcelona: Blume.

PINTO MOLINA, María. (1992) *El resumen documental. Principios y métodos*. Madrid: Fundación Germán Sánchez Ruipérez.

PUJOL, Josep M., y Joan SOLÀ. (1995) *Ortotipografia. Manual de l'autor, de l'autoeditor i el dissenyador gràfic*. Barcelona: Columna.

RACKER, Joseph. (1959) «Selecting and Writing to the Proper Level», *IRE Transactions on Engineering Writing and Speech*, enero, 16-21. Reimpreso en Harkins y Plung, 1982.

RAMSPOTT, Anna. (1995) «Resum i activitat discursiva». *Articles*, 4: 55-62.

REUTER. (1992) *Reuters Handbook for Journalists*. Oxford: Rutterworth-Heinemann.

RICHAUDEAU, François. (1992) *Écrire avec efficacité*. Tolosa: Albin Michel.

RUBENS, Philip., ed. (1992) *Science and Technical Writing. A Manual of Style.* Nueva York: Henry Holt and Company.

SAGER, Juan C., DUNGWORTH, David, y Peter F. MCDONALD. (1980) *English Special Languages. Principles and Practice in Science and Technology.* Wiesbaden: Brandstetter.

SEKEY, Andrew A. (1973) «Abstract, Conclusions and Summaries», *IEEE Transactions on Professional Communication*, junio, 25-26. Reimpreso en Harkins y Plung, 1982: 177-178.

SHELTON, James H. (1994) *Handbook for Technical Writing.* Lincolnwood: NTC Business Books.

STRUNK, William, y E. B. WHITE. (1917) *The Elements of Style.* Nueva York: Macmillan, 3.ª ed., 1979.

SWALES, John M. (1990) *Genre Analysis.* Cambridge: Cambridge University Press.

TURK, Cristopher, y John KIRKMAN. (1989) *Effective Writing. Improving Scientific, Technical and Business Communication.* Londres: E. & F.N. Spon.

WARREN, Thomas L. (1993) «Three Approaches to Reader Analysis», *Communicator*, 4: 6, 14-17.

WYDICK, Richard C. (1994) *Plain English for Lawyers.* Carolina del Norte: Academic Press, 3.ª ed.